Labor and Employment Law

水町
詳解労
［第3

公式読本

水町勇一郎 著

理論と実務で
ひも解く労働法
Q&A 191

日本法令®

はしがき

２年前，『水町詳解労働法［第２版］公式読本』を刊行し，幸いにも好評を得た。本書は，その完全リニューアル版である。

前書は，『詳解 労働法［第２版］』（東京大学出版会，2021年）をテキストとした研修で毎回参加者から提起された質問を持ち帰り，自宅で頭をひねりながら考えた回答を300のQ&Aに整理したものであった。本書は，2023年９月に新たに刊行された『詳解 労働法［第３版］』をテキストとした16回のセミナー（2023年11月から2024年３月に開催）で，毎回参加者からライブで提起された質問にその場で答えたものを原稿化し，Q&Aにまとめたものである。本書は，その場で来た質問にその場で答えたものをもとにしているため，前書よりも回答部分が長めになっており（その場で口頭で話すと話が長くなりがちです），良く言えばライブ感にあふれた（悪く言えばストレートに答えすぎた）ものになっている。本書の190のQ&Aのうち，一部は前書の質問のうち２年経っても重要性を失っていない良問を残している（回答には必要な加筆を施した）が，大部分（約８割）は新しい質問と回答で構成されており，前書の改訂版というより，新しい本と言っても過言でない内容となっている。

本書の特徴は，何よりその質問の新鮮さと奥深さにある。参加者（質問者）は社会保険労務士の方々から弁護士，会社員，公務員まで様々であり，その質問は，大企業や中小企業の人事労務管理の現場で生じている率直な疑問や悩みから，その根底にある歴史や理論を窺い知ろうとする問い，その背景にある諸外国の状況や日本の未来に向けられた幅広い関心や好奇心に至るまで，極めて多岐にわたっている。そしてその中には，簡単には発見できない実務上の抜け道や陥穽を指摘するものや，日本の労働法の奥深くに潜んだ謎や疑問に言及するものなど，「なるほどー」と目から鱗が落ちたり，「んーー」と答えに窮したりするものも多数含まれている。本書を一読すると，日本の人事労務管理の生きた姿（とりわけ一般には見えにくい中小企業の実態）と日本の労働法学のもうひとつの顔（教科書には出てこない側面）を発見することができるかもしれない。

本書の質問には，前書と同様，回答の難易度（内容の理解しやすさ）という観点から★をつけた（★★★：とても難しい，★★：やや難しい，★：それほど難しくない）。本書で「テキスト（📖）」と表記しているのは，**水町勇一郎『詳解 労働法［第３版］』（東京大学出版会，2023年）**である。質問は，テキストの関係部分のページ順に並べている。

日本法令の大澤有里さんには，本書のもとになったセミナーの開催から本書の編集，刊行に至るまですべてを手際よく手配し，迅速・的確なご対応をしていただいた。また，社会保険労務士の千明和子さんには，このセミナーに参加し私の口頭での回答を書き起こす作業を行っていただいた。おふたりのサポートがなければ，この本をこのような形で世に出すことはできなかった。そして何より，このセミナーに参加したたくさんの素晴らしい質問をしていただいた皆さんに，心から「ありがとう」と言いたい。

2024年５月　*En explorant le déjeuner W.*

水町　勇一郎

目　次

第1編　総　　論

1　労働法の歴史　2

2　「労働者」　9

3　「使用者」　17

4 強行法規 24

5 労働協約 31

6 就業規則 36

9 雇用差別の禁止 64

10 非正規労働者 69

11 労働関係の成立 81

12 教育訓練 91

13 昇進・昇格・降格 93

14 配転・出向・転籍 98

15 休　職 104

16 企業組織の変動 110

17 懲　戒 115

18 賃　金 124

29 労働関係の終了 165

30 高齢者・若者雇用 173

第3編 集団的労働関係法

31 労働組合 180

第6編　労働紛争解決法

凡　例

労基法	労働基準法
労基則	労働基準法施行規則
労組法	労働組合法
労契法	労働契約法
高年齢者雇用安定法	高年齢者等の雇用の安定等に関する法律
パート有期法	短時間労働者及び有期雇用労働者の雇用管理の改善等に関する法律
職安法	職業安定法
労安衛法	労働安全衛生法
労働者派遣法	労働者派遣事業の適正な運営の確保及び派遣労働者の保護等に関する法律
フリーランス保護法	特定受託事業者に係る取引の適正化等に関する法律
障害者雇用促進法	障害者の雇用の促進等に関する法律
個人情報保護法	個人情報の保護に関する法律
育介法	育児休業、介護休業等育児又は家族介護を行う労働者の福祉に関する法律
最賃法	最低賃金法
年金機能強化法（年金制度改革法）	年金制度の機能強化のための国民年金等の一部を改正する法律

第 1 編

総　論

1　労働法の歴史
2「労働者」
3「使用者」
4　強行法規
5　労働協約
6　就業規則
7　労働契約

1 労働法の歴史

奉公契約や雇用契約期間（年季）の変遷

（📖 9頁～，12頁～）

使用者と労働者の契約の期間について，様々な要因から，１年と短くなったり５年などと長くなったり，変遷をしていることがわかりました。そのような中，日本や西洋の歴史において，労働の無期での契約は制度としてはなくなっていったのか，それとも，もう１つの形態として存在し続け，契約自由の原則で使用者・労働者の双方からいつでも解約できるという流れができていったのかについて教えてください。

かつて日本では，無期契約に当たる永代売買が禁止され，奉公は期間制限の下でのみ認められていました（年季奉公＝有期契約）が，1698年に年季制限が廃止され，期間の定めなく奉公に入ることができるようになりました。明治時代に入って民法典で年季制限（期間制限）が復活した際には，契約自由の原則の下，無期雇傭契約の締結は可能とされる一方で，有期雇傭契約による長期の人身拘束の弊害（有期雇傭契約は，期間中はやむを得ない事由がないと解約できないため，長期にわたる人身拘束の危険があること）を除去するために，有期雇傭契約について期間制限を設けることになりました。

ここでの重要なポイントは，近代になる前の奉公関係は人身拘束の関係にあり，期間の定めのない（年季制限のない）奉公関係は長期的な人身拘束のリスクの下にあると考えられていた（その中での年季制限は長期的な人身拘束から奉公人を解放するという意味をもっていた）のに対し，近代的な民法典により雇傭契約に切り換わったことにより，契約自由の原則の下に置かれ，期間の定めのない雇傭契約については，労働者も使用者もいつでも理由なく雇傭契約を解約できるようになったことです(民法627条1項)。ここでは，主人(使用者）と奉公人（労働者）との間の関係が，雇傭「契約」と捉えられ契約自由の原則の下に置かれたことによって，180度転換したと言えます。これによって，法的には奉公関係という捉え方はなくなり，無期雇傭契約については，戦後になり解雇権濫用法理が形成されるまでは，基本的に解約自由と考えられていました。このような流れは，欧米諸国でも大きな流れとしては共通しています。

2 労働法の考え方について

（📖 11頁〜）

労働法に限らず，日本の政策はヨーロッパをモデルにしていることが多い気がします（男女の賃金格差公表をはじめとするハードローからソフトローへの対応もその１つだと認識しています)。

① そもそも，なぜ，アメリカよりもヨーロッパのほうが労働法の考え方が進んでいるのでしょうか？

② 逆に日本の労働法の考えがヨーロッパで参考にされているものはあるのでしょうか？

とても良い質問だと思います。アメリカが遅れているというより，法規制の種類に拠ります。アメリカは自由を重視する国なので，契約自由をより重視していて，ヨーロッパでは国家規制もしくは中央集権的な労使の決定で規制をしています。アメリカは自由を重視している代わりに，自由が上手く機能するための重要な基盤として差別禁止を強く進めていて，差別禁止法制についてはアメリカが歴史的に最先端を走ってきたというところがあります。日本はどちらが向いているかというと，契約自由を重視するような規制より，ヨーロッパの国家法規制とか労使の規制のほうが向いているから，ヨーロッパ型の規制をモデルに作ってきたという面がありますが，その中身はだいぶ違うものになっていて，企業の中での共同体的な関係とか柔軟な対応とか，その中での信頼関係を保護するような法理が日本では作られています。

ヨーロッパでも日本法を参考にしている部分があります。実態が多様化している中で，現場の意識とか現場の発意を重視したような柔軟な規制も作っていかなくてはいけなくなり，解雇回避努力をきちんとしないと解雇してはいけないという解雇権濫用法理の考え方が，フランスの判例法理の中に入っていたり，法律の中にも再訓練義務を果たさないと解雇してはいけないということが条文化されたりしています。フランスでも，日本の判例法理の中にたびたび出てくる「合理性」という言葉が，《raisonnabilité》（リーズナブルであること）という言葉で議論されたりしています。ヨーロッパで，日本法の概念や議論が参考にされることもあり，両者は接近してきていると言えるかもしれません。白黒を明確につけていたヨーロッパ法が日本の「合理性」という柔軟な考え方に近づいてきて，日本は働き方改革で法律に基づくルールをきちんと守るようにという方向に部分的に進んでいます。まだまだ両者の距離は遠いですが，両者の接近傾向が見られるというところでしょうか。

3 労働法と社会保障法の源流

（📖 15頁，18頁）

公的年金制度である労働者年金保険法（1941〔昭和16〕年）が労働政策として導入された背景があるように，もとをたどると労働法と社会保障法の源流が同じだったりするものは，労働法にはいくつもあるのでしょうか。

1922（大正11）年の健康保険法も，工業・鉱業の労働者を対象としたものとしてスタートしています。ヨーロッパでも，戦前の社会保険制度は低賃金の労働者を対象として創設されたという歴史的経緯があります。社会保障法が労働法から本格的に分離・独立していった（労働者だけでなく自営業者も含む国民一般に適用される制度となっていった）のは，1930年代～40年代ころだと言われています。

働き方改革と社会保険労務士の役割

（📖 22頁～）

働き方改革の中で現場の働き方がわかる我々社会保険労務士は，どのように対応していけばよいのでしょうか。

現在の状況で言うと2つあります。1つは，これから新しいルールがいろいろできてくる中で，かなり複雑なルールもできてくるし，新しい企業で対応しなくてはいけないこともたくさん出てくるので，その法律の改正をきちんと理解して，その趣旨に照らした法律のルールを現場に浸透させていくことです。きちんと改革の趣旨を理解して，現場に落とし込んでいくためのアドバイスをするというのが1つ。

もう1つは，現場の視点を大切にしながら上からのルールを浸透させていくと同時に，上限規制を遵守したうえでどういう風に労働時間を具体的に組んでワークライフバランスを実現していくかとか，さらには同一労働同一賃金ってガイドラインには書いてあるけれども，ガイドラインだけですべて一律に決まるわけではないので，現場でどのように制度設計をするかとか，情報開示義務って言ってもどの情報をどのように開示しながらマーケットにアピールするかという点では，それぞれの企業の特徴が出てくるので，企業の目指すべき方向性（いわゆる「パーパス」）に沿うような形で，それらの点をルールメイキングしていくっていうことが大事になると思います。

さらに現場の中の人は，中にいるからこそわからない部分が結構あるので，外から中に入って行ってあげて現場の声を掬い上げつつ外につなげていくための役割も大切になります。外のものを中に持って行くのと，中のものを外に持って行くためのつなぎとして，その専門性を生かしたお仕事をしていただきたいと思いますし，まさにこれから皆さんのお仕事が，日本のこれからのより働きやすい環境を作っていくための鍵を握っていると思います。

どこまで国家介入されるのか

（📖 22頁～）

企業の共同体の重視また労使の自治にゆだねられた時代から，働き方改革により，日本の企業文化に国家の意思や市場が介入していくというお話でしたが，今後どこまで介入されていくのか。言葉は適切ではないかもしれませんが，社会主義化していくのではないかと感じてしまいますが，先生はどのようにお考えでしょうか。

この点はバランスの問題です。国家の介入と言っても，今のところ死ぬほど働くのは止めてくださいって、上限規制だって月100時間とか80時間のレベルです。ヨーロッパの労働時間規制からするとまだまだずっと規制としては緩い水準にあります。本当は原則月45時間とか年間360時間っていう水準が守られたうえで初めてワーク・ライフ・バランスに効いてくるレベルになりますが，私生活とのバランスをとろうとか，健全に企業経営をしていこうというところまで，法律は罰則付きで縛ろうとはしていません。

国家介入は細かくすればするほど現場で馴染まなくなっていくので，マーケット・オリエンテッドで企業の中の情報を外部に公表してもらって，それで市場に評価してもらい，市場から評価される企業は生き残るけど，それに対応できないところは生き残れないという市場誘導型のインセンティブ・システムのほうへ，法政策の軸足がシフトしていくのではないかと思います。

今後の方向性としては，働く人の健康や生命を脅かすような実態に対しては罰則付きで厳しく規制し，それ以外のところは企業情報の公表を上手く活用していきながら，社会のあり方として望ましい方向に誘導していく。その具体的な制度の中身は，社労士や弁護士の先生方も含めて，それぞれの企業と労使で将来の方向性に向けて制度設計をしてもらうっていうことになるのではないかと思います。

6 国家介入の実効性について

（📖 22頁～）

日本政府が公権力の行使という手法ではなく現場重視の判断を行ってきた中で，罰則適用の実効性は今後どのように担保されていくのでしょうか（有給取得義務など）。

国家規制が強まる中で今後も罰則付きの規制は増えるかもしれませんが，本当に罰則の適用があるかっていうと，実は日本って裁判もあんまり起こらないですし，労働基準監督署が本当に書類送検して罰則を発動するというケースはあまり多くありません。それは，検察庁と労働基準監督署の人員の問題とも関係しています。どんどん書類送検（検察庁送致）して，検察官が労基法違反とか職安法違反とかで罰則の適用をするかっていうと，検察官も人数が限られていて，なんでもかんでも処理できる状態にはないので，書類送検されて罰則が適用されるのは，実際には悪質な事件に限られているのが現状です。

実際に働き方改革以降の罰則の適用例を見てみると，月の時間外労働が100時間を超えたり、平均80時間を超えたりするケースは働き方改革の根幹にかかわるところなので，それが見つかった場合には罰則の適用がかなり積極的に行われていますし，労基法39条の年休付与義務違反の事件でも罰則の適用例が出てきています。すべての事件に罰則は適用できないけれども，罰則の適用例が新聞等で報道され，そのアナウンス効果で法違反を抑止していこう，働き方改革を進めて行こうっていう意思は，政府の中にあるんじゃないかなと思います。

少子化の背景と課題

（📖 22頁～）

働き方改革の取組みの背景には，少子高齢化と人口減少（労働力減少）といった社会問題があるものと認識しています。特に少子化について，欧州では育児政策が成功し少子化に歯止めがかかっている国もあるようですが，成功している国の労働状況と現在の日本の状況の違いが，所得水準によるものなのか，意識の差によるものなのか，乗り越えるべき課題の解決に向けて法律的にどういった規制が考えられるのか，ご教示ください。

いろいろな原因が考えられますが，日本における最大の問題は，長時間労働によるワーク・ライフ・バランスの欠如，すなわち，適齢期の男女が普通に結婚し子どもを産み育てられるような環境にないことにあると思います。男性も女性も労働時間を短くし，育児休業等をとらなくても家事・育児を普通に分担できる環境（それを支えるインフラ）を整備することが，出生率改善の鍵だと思います。それ以外にもやるべきことはたくさんありますが，それはまた後ほど（📖 910頁～）。

2 「労働者」

「労働者」概念の相対性と複雑さ

（📖 26頁～）

「労働者」の概念が法律ごとに異なっている，特に，労基法と労組法とでは比較的大きな違いがあると思いますが，違いがあることについてどうお考えでしょうか。その違いが今後解消されていくような動きはあるのでしょうか。「労働者」概念はただでさえいろいろな判断基準があり難しいのに，法律ごとに範囲が違うという複雑さがあり，自分自身が守られるべき労働者なのかどうかすらわからない人が増えているように感じます。

例えば，ウーバーイーツの配達員について（労組法上の）労働者であるかどうかが争われていますが，労働者という言葉だけが独り歩きして，もし労働者であると判断されたら労災保険の対象になるとか，最低賃金が適用されると言っている人も見かけます。一般の労働者にとっては裁判所での紛争解決はハードルが高いし，あっせんの手続も難しいので，紛争を事前に防ぎ権利を守るためには労働者自身が知識を身につけることが必要なのに，法律の難しさがそれを阻んでいるように思えて仕方がありません。

そうですね。難しい問題です。概念の相対性は法律一般に出てくるもの（例えば民法の違法性と刑法の違法性は別物）なので，法律とはそういうものなのだ（概念の相対性によって異なる趣旨・性格をもつ法律の趣旨に沿った適用をしている）という見方が一方であり得ますが，法律を知らない人にはわかりにくいということにもつながりますね。これを克服するために，専門家が仲介してわかりやすく説明をしてあげるということが必要かもしれません。

「労働者」性についてみると，フランスでは「労働者」概念は1つですが，イギリスとかドイツでは複数の「労働者」概念があり（例えばイギリスでは employee と worker は別の概念で法律上いろいろ登場する)，アメリカでは言葉としては1つ（employee）ですが，その中身は2つのタイプのものに分かれており，日本（言葉としては基本的に「労働者」1つですが中身は2つ）は，アメリカに結果的に近いのかもしれません(中身は違う解釈ですが)。そして，労働者概念が1つであるフランスでは，わかりやすくて誤解なく解釈がなされているかというと，決してそうではなく，裁判所でたびたび「労働者」性の有無が争われ，その判断の曖昧さについて問題が指摘されている点は，日本と変わりません。こと「労働者」性に関しては，概念が複数あることより，概念自体が当事者にわかりにくい（予測可能性がない）ことが深刻な問題となっているように思います。その克服策については，世界的に議論が高まっています(例えば2021年12月の EU 指令案→2024年4月に EU 議会で採択されました)。

労働契約（法）の記載について

（📖 27頁，68頁～）

労働契約（法）上の「労働者」のみ（法）となっているのはなぜですか。

労契法には載っていないけれども，判例法理としての労働契約法理というものがあり（例えば採用内定法理，試用法理，配転法理など)，この判例法理としての労働契約法理を指すときには（法）を取って労働契約上の労働者，労契法に掲載されている法理については（法）を入れて労契法上の労働者と呼んだりしています。しかし，その労働者性は基本的には同じものだと解釈してますということで，同じ括りで説明しています。

「事業に使用されるもの」について

（📖 35頁～）

労基法上の労働者の定義では「事業に使用されるもの」とあるのですが，これだと今後新しい働き方への対応の障害になってくると思うのですが，先生はどう思われますか（事業に使用されずに働く人たちが出てくるのではないかという意味です）。

労基法上の労働者は「事業に使用される」と書いてありますが，事業に使用されない個人労働者や就業者が増えてくるっていう意味でしょうか。そういう場合には「事業に使用される」に当たらないので，労基法上の労働者に当たらないかというと，「事業に使用される」の「事業」については，かつては限定列挙・号別適用方式がとられていて（📖 35頁）意味がありましたが，今は包括適用方式に変わったので，ほとんど積極的な意味がないものだと理解されています。個人で事業を行っている人も，法人であってもなくても広く「事業」に当たると解釈されていますので，「事業に使用される」というのは「使用者に使用される」という意味に近いものとなっています。

今，デジタル化やプラットフォーム・ビジネスが広がる中で，デジタル・ネットワークの中で働いているプラットフォーム・ワーカーが世界的に増加しています。このプラットフォーム・ワーカーは，スマホやタブレット上のアプリ（アルゴリズム）からの指示を受けてサービスを提供していて，特定の法人とか特定の事業者から使用されているわけではなく，アプリを使って自分で働いているだけなので労働者に当たらないのではないかという議論がありますが，そのアプリを提供している事業があって，その事業に使用されているという実態があるという方向で解釈されるようになってきています。要はプラットフォームにしてもアルゴリズムにしても誰かが作って利益を上げているわけで，アプリとかアルゴリズムそのものが自動的に生成してお金を生み出しているわけではないので，そのプラットフォームを作り出し管理している事業者を事業と捉えて，労働法上の使用者としての責任を課すという方向に，世界的には解釈が展開されています。日本でもプラットフォーム・ビジネスやプラットフォーム・ワーカーが広がり，法的な紛争が顕在化してきたら，そのような解釈が展開されるようになるのではないかと思います。

「労働者」性の判断基準の変化

（📖 37頁～）

裁量労働制や高度プロフェッショナル制度適用者においては，使用者が業務に関する具体的な指示をしないことが前提となっていることから，労基法上の労働者性の判断基準（📖 35頁～）の②の業務上の指揮監督から解放されており，また，コロナ禍のテレワークの普及の実態に鑑みると，③の時間的・場所的拘束も含め，労働者性の要素が薄まってきたように思われます。その中で，労働者性が認められる決定的な要素はどのように判断されるのでしょうか。

確かに，裁量的な労働者やテレワークで業務指示や時間拘束の弱い労働者については，②業務遂行上の指揮監督，③時間的・場所的拘束が薄くなることもあり得ますが，それだけで労働者性が否定されるわけではないことを，労基法そのものが前提としている（裁量労働制や高度プロフェッショナル制度等の適用者にも労基法が適用されることを前提にこれらを制度化している）と言えます。そのような労働者については，それら以外の諸要素も幅広く考慮しながら，「労働者」性が判断されることになります（いずれにしても現状では諸要素の総合判断です）。フランスでは，こういうタイプの就業者については，事業組織への組入れ，就業条件の一方的決定，固有の顧客をもつことの制限等の事情（日本では労組法上の労働者性で考慮されているような要素）が考慮されることが多くなってきています。

12 賃金性がない場合の労働者性

（📖 38頁，655頁）

副業先で，ストックオプションのみ支給する（賃金性がない）ため労基法上の労働者ではないとの取扱いをしている例があるとします。（ストックオプションに関しては通達で，労基法上の賃金に当たらないという通達があるので、賃金じゃないとすれば，労基法上の労働者，「賃金を支払われている者」という定義に該当しないので，労基法上の労働者に当たらないとすると）その場合，労働時間も通算されず，割増賃金の支払いも不要なのでしょうか。仮に労働契約上の労働者性が認められた場合，安全配慮義務を負うのでしょうか。

ストックオプションは，労基法24条以下の賃金規制との関係では賃金ではないと解釈されていますが，労基法上の労働者に当たるかどうかの５番目の要素としての報酬の労務対償性との関係で，ストックオプションを付与していることによって，当然賃金性が否定されてその他の要素まで考慮しても当然労基法上の労働者性が否定されるかというと，必ずそうなるとは言えないのではないかと思います。ストックオプションを付与しているけれど，その他の①②③④⑥⑦の要素が，いずれも労働者性を肯定するような実態のものであれば，全体を総合考慮して労働者に当たると判断される可能性はあると思います。⑤の賃金性（報酬の労務対償性）も絶対的な要件ではなく，相対的な要素だと考えられていますので。

安全配慮義務は，一定の社会的接触の関係の下で働いてもらっている人の健康とか安全はちゃんと守らなくちゃいけないという信義則に基づく義務なので，厳密な意味での労基法上の労働者や労契法上の労働者に当たらなくても，事故が起ったり病気になったりした場合には安全配慮義務違反が成立する可能性があります。安全配慮義務については，労働者じゃない場合にもきちんと対応してください。

労働者をめぐる制度の再設計の構想

（📖 41頁〜）

労働法の労働者性で生じる問題を軽減する解決法の１つとして，労働保険制度，社会保険制度において，例えば代表取締役を社会保険の対象にすることを義務付けているように，すべての個人事業主（のような働き方）にも労災の特別加入を義務付け，雇用保険，健康保険，厚生年金保険を適用するという方法は考えられないでしょうか。労働の現場では，解雇や賃金などの労働問題への対応とあわせて，社会保険や労働保険などにかかる事業主の費用負担を回避するために，これらの制度が適用されない契約形態になるよう工夫がなされ，それによって様々な問題が生じています。そして，この問題はコロナ禍でより大きく顕在化しているように思います。さらに今後，多様な働き方が求められる中で，「労働者」概念の整理が必要であるとともに，より大きな制度で対応することが必要ではないかと感じています。

より大きな観点から制度を再設計していくことは，これからの政策の選択肢として十分考えられます。例えば，社会保険の適用範囲を労働時間の長さに関係なく拡大すると厚生年金と国民年金を調整・統合するという話につながっていきますし，さらに労働者や自営業者等の形態にかかわらず共通のセーフティネットを整備するという発想は，ベーシックインカム構想にもつながっていきます。これから，こういう発想の下で具体的な制度設計を考えていく時代になっていく（そうせざるを得ない社会状況になっていく）のではないかと思います。ご指摘いただいた点は，このような方向性に向けた制度設計をする際に重要になる視点だと思います。

14 高年齢者の労働者性について

（📖 56頁）

高年齢者雇用安定法に関して，法の建付けとして業務委託であったとしても，実態として労働者性が認められた場合，労働法が適用されるとのことでした。おそらく，65歳以上の高年齢者就業確保措置でも同様の問題が生じると認識しています。

仮に，労働者性があったと認められた場合，具体的にどのような問題が生じるのかが判然としておりません。地位確認請求がない限り，遡及的に雇用契約があったとみなされるわけではなく，社会保険の加入云々の問題はないと認識していますが，誤っていたらご指摘ください。

あわせて，65歳以上だと，高年齢者という何か別の問題もはらんでいるのではと気になっています。

高年齢者雇用安定法で特に65歳から70歳までは，フリーランスや業務委託の形式でやってもよいということになっていて，65歳まで労働者だった人が，業務委託の形式に変わったとしても，実際仕事の出し方とかやらせ方って労働者だった時と変わらないといった場合どうなるかというと，ただちに労働局がやってきて，労働者じゃないか!!って怒ることはないと思いますが，要は紛争になった時ですね。紛争になった時に，これだけ働かされていて割増賃金をもらっていないとか，解約された場合に解雇権濫用法理とか雇止め法理が適用されるかというところで問題になると思います。あと場合によっては，けがや病気になって労災保険給付の請求をして労働者と認められた場合には，過去に遡って保険料の支払いが事業主に求められる可能性もあります。このように，高年齢者雇用安定法上その実効性を確保するような，労働者か業務委託かの客観的な実態をチェックするようなシステムが高年齢者雇用安定法に仕込まれてなかったとしても，実際労基法や労契法等が適用されるかどうかが問題になることはあり得るので，やはり微妙な場合には労働者として扱うというポリシーでやっていったほうが安全ではあります。逆に言うと業務委託でやる場合には，ちゃんと労働者性の基準に照らして確実に労働者じゃないよねっていうことを確認しながら，業務委託に移行していくことが必要かと思います。

<参考>テキスト37頁

●1985（昭和60）年労働省労働基準法研究会報告【８つの基準】

① 仕事の依頼等への諾否の自由の有無
② 業務遂行上の指揮監督の有無
③ 勤務時間，勤務場所の拘束性の有無
④ 他人による代替性の有無
⑤ 報酬の労務対償性
⑥ 事業者性の有無
⑦ 専属性の程度
⑧ その他（公租公課の負担等）

3 「使用者」

法人格否認と共同不法行為

（📖 86頁～）

真実解散の場合，法人格否認の法理で地位確認を請求すると，認容された場合，これまでの業務とは異なる業務を行うことになり，労働者にとって負担が大きいように思うのですが，訴訟戦略としては共同不法行為構成で主張するのがよいのでしょうか。メリット，デメリットをご教示いただければと存じます。

これは，職務の特定があるかどうかにもかかわってきます。職務無限定で労働契約を結んでいた場合に，今働いているところの法人格が否認されて他の法人に契約責任を追及したときに，もともと職務無限定だったから何の職務でもやらせますよっていうふうになったら，知らない会社で知らない仕事をさせられるかもしれません。他社に出向や転籍となる場合も同じことが考えられます。

職務限定の契約を結んでいれば，その職務の責任なので，例えばタクシー乗務員という職務限定で雇われていたとすれば，タクシー会社ではない会社に労働契約上の責任追及をする場合には，タクシー業務がないので，タクシー業務がなければ賃金だけ支払ってもらうということになるかもしれません。とはいえ，その会社も業務をやってもらわないまま，ずっと賃金を支払い続けることは経済的でないので，関連する会社でタクシー業務を行っているところに異動させてタクシー業務に就かせるという選択をとる可能性もあります。お金で解決したいのであれば，共同不法行為責任のほうが法人格濫用に関与した法人や自然人を広く対象としながら共同不法行為の責任追及はできるので，損害賠償が認められやすいと言えるかもしれません。

要するに，労働契約関係を続けたい場合には法人格否認の法理で労働契約上の権利を有する地位確認請求をし，契約関係が解消されてもいいからお金をきちんと払ってもらいたいという場合には共同不法行為で損害賠償請求をするという方法をとることが考えられると思います。仕事の内容については，契約上職務限定があるかどうかで変わってくるということになりますね。

<ポイント>テキスト85頁
「使用者」概念の拡張適用として，①法人格形骸型と②法人格濫用型（真実解散の場合・偽装解散の場合）という【法人格否認の法理】があります。

法人格否認の責任追及の相手方

（📖 87頁～）

法人格濫用型で，例えばオーナーが個人１名である場合，オーナーとの間の雇用契約を認めるときには，「オーナーの責めに帰すべき事由により実際の就労はできないため，就労せずに賃金請求することができる」という結論になるのでしょうか。理論的には理解できても，雇用保険の取扱いや，他社への就職の可否など，現実的な取扱いとは齟齬が生じそうです。お話の内容からすると，このような悩ましい場合には，関係者への損害賠償で対応するというのがトレンドなのでしょうか。あるいは，偽装解散の場合の事業の引継ぎ先や，オーナーの保有する別会社などがある場合，それらの会社とオーナーは結局オーナーの支配下にある（一心同体である）という理由で，それらの会社との雇用契約の存在を主張することができるのでしょうか。

法人であれ，個人であれ，法人格否認の責任を問われる場合には，労働契約上の権利を有する地位確認の判決が出ます。労働契約上の使用者として契約上の義務を履行する責任を負いなさい，ということです。問題は，親会社やオーナーが否認された法人の事業を行っていなかった場合（例えば，否認された子会社はタクシー会社，責任を問われた親会社は建設会社〔またはその大株主である個人所有者〕であった場合）ですが，この場合にも契約上の賃金支払義務は継続して負うことになり，タクシー運転手として就労させる義務を負うかは就労請求権の有無の問題（📖 261頁～）になります。一般に日本では就労請求権はないと解釈されていますので，親会社やオーナーはタクシー運転手として就労させないまま賃金を払い続けるという対応をとることも法的には可能です。しかし，それだと割が合わないとすれば，タクシー事業を行っている関連会社（場合によってはその事業を承継したグループ会社）に出向・転籍してもらって働いてもらうという対応をとることになるかもしれません。

17 共同不法行為と付加金の関係

（📖 89頁～，120頁～）

共同不法行為構成を採用した際に，付加金の請求も合わせてできるのでしょうか。

共同不法行為というのは，民法719条の問題で，付加金は労基法上定められた金銭の支払いについて生じる義務の問題になります。典型的には割増賃金の支払いを請求するときに，労働契約上の使用者に対して労基法37条に基づく割増賃金支払請求をするとともに付加金の支払いの請求をすることはできるけれども，民法719条は労基法とは別の損害賠償請求なので，その損害賠償請求に対して労基法121条に基づく付加金の支払請求をすることは難しいです。支払請求の根拠が労基法なのか，それ以外なのかで，付加金請求の可否が決まってきます。

共同不法行為の関与の範囲とは

（📖 89頁～）

偽装解散等の事案では，違法な会社解散等を主謀した者とともに，これに関与・協力しまたはこれを指南した者に対して，共同不法行為として損害賠償の連帯責任を課され得るとのことですが，ここでの関与・協力とはどの程度のものをいうのでしょうか。

これは，違法・不当な目的をもって会社解散等の法人格否認行為を行うことにどこまで関与したかという程度問題になります。例えば，明確に違法性があるような行為について，具体的に指示や指南をしたという場合には，共同で不法行為責任を問われることになると思います。裁判例では，組合壊滅目的で事業閉鎖を行ったことを指南していた司法書士の責任を認めた例があります（📖 89頁・注28)。まさに専門家として適法なアドバイスをすることが社会的に求められている中で，違法な行為の具体的なアイディアを出したり，具体的に関与して計画を立てるサポートをしている場合には，その違法行為の中心人物でないとしても「共同」で不法行為を行った者，不法行為に実質的に関与した者として責任を問われることになります。社会的にコンプライアンス（法令遵守）が重視されるようになっている中で，違法行為や脱法行為の指南をすることがないようにしてください。

19 黙示の労働契約成立について

（📖 90頁〜）

派遣の事案（マツダ事件やパスコ事件等）では，その当時なかった労働契約申込みみなし制度ができたことで，一定程度立法で不合理性が解消されたと思いますが，それでもなお，黙示の労働契約成立について争うケースがあるのでしょうか。労働契約申込みみなし制度の適用が認められなかった場合の予備的請求として黙示の労働契約の成立を主張することは考えられますが，そもそも黙示の労働契約成立それ自体が認められにくいことに鑑みると，この議論の意義も矮小化していくのでしょうか。

実際上は黙示の労働契約の立証はかなり難しいので，派遣の場合は，派遣法違反として労働契約申込みみなしの適用を主位的請求として，それが難しい場合には黙示の労働契約を予備的に請求していくということになるのではないかと思います。ただし，労働者派遣ではない様々な形態の働き方がありますし，例えば出向もしくは出向類似の形態の場合にも三者関係が問題になりますので，そういう場合に，黙示の労働契約の法理が正面から主張されることもあり得るかもしれません。

厚生労働大臣の許可をとって労働者派遣をやっている場合には，労働契約申込みみなしでいくという主張が主流になっていくとは思いますが，その規定の適用が認められにくい事案や労働者派遣ではない場合については，今後も黙示の労働契約の法理が援用されることはあると思います。

20 ★★★ 役員の責任について

（📖 92頁〜）

会社法429条１項による役員に対する労働者の損害賠償請求についてですが，近時裁判例でも平取締役も含め当該責任が認められだしている一方で，商法学会では責任追及を制約する，すなわち取締役の責任を軽減する特別不法行為責任と解する見解が有力に主張され始めています。

論拠としては，重い責任を役員個人に課すことは役員になろうとする者を減らす方向へ傾き，制度の効率性・機能性を欠く，というもののようです。また，商法学者からは会社法429条１項の廃止を主張する見解も有力に主張されています。

他方，労働法の視点としては，役員個人への責任追及も制度として準備されていなければ，労働者保護に欠けると思われます。解釈論・立法論として役員選任の効率性という視点で考えると個々の事例における個別の保護が不十分になる，という点で商法学者と労働法研究者の立場が分かれるところかと思いますが，先生ご自身はどのように考えておられますか。

確かに，役員に対する責任が重くなりすぎる，過剰になりすぎることによって役員のなり手が少なくなるというのは１つ問題かもしれませんが，他方で，役員が故意・悪意をもって違法行為に関与している場合に，その役員の責任を追及することは労働法上，健全な職場環境を作るためには大切だと思います。その意味で，本当に悪意をもって（故意で）役員が労働法の不遵守，労働法違反に対して関与している場合には，役員責任を問うということが，労働法の遵守基盤を作るためには重要です。他方で，何も知らない，関与していないし，知らないことにもそれなりの理由があるという場合については，役員として予測可能性がなく，少なくとも重過失はないので責任を負わないという方向で，解釈上調整をすることも可能ではないかと思います。

派遣先の責任について

（📖 98頁～）

派遣先は，派遣労働者が時間外労働の上限規制を上回った場合の責任は負うものの，雇用主である派遣元のような年休５日付与に協力しなくても特に責任を負わない点が理解できません。

確かに，時間外労働の上限規制については派遣先も責任を負いますが，年休付与義務（労基法39条）については派遣法44条で派遣先の責任にはなっていません。

これは，労働時間・時間外労働については，派遣先が指揮命令をする中で，実際に指揮命令をしてその責任を負う場面が出てきますが，年休については，基本的に休暇を取る取らないというのは，派遣元が労働契約上の使用者として責任をもって管理・対応すべき事項なので，その責任は派遣元にあり派遣先にはないと整理されているのだと思います。

実際に労働者派遣の形態で，休暇の管理を派遣先がしたら，単なる指揮命令を超えて雇用管理をしているということになり，労働者派遣ではなくなってしまう（違法な労働者供給になってしまう）ということになるのかもしれません。

労働者派遣の定義と実態がきちんと適合しているのかが問われている場面なのかもしれません。法の想定通りになっているか，もう一度実態を確認してみてください。

4 強行法規

日本の労働法規の特徴

（📖 101頁～）

日本の労働法規の多くは，行政取締法規として定められたものであるという特徴をもっているとありますが，これは，日本人に合ったヨーロッパの考えが反映された結果ということでしょうか。2007年にできた労働契約法については自由を重んじるアメリカの考えが反映された結果なのでしょうか。

行政取締法規が多いという特徴は，極めて日本的な特徴で，ヨーロッパも行政取締法規とか刑罰規定がなくはないですが，労働者と使用者の間の権利義務を定めた法律規定がヨーロッパでは多くなっています。この特徴は，法律案の多くが政府提出法案で，労働関係法規の多くが厚生労働省で起案されている，その中で，厚生労働省が責任をもって法律を監督したり守らせたりするという，日本の法律や役所の仕組み・体質に起因しているところがあるのではないかと思います。

労契法も，実はアメリカには「労働契約法」という法律はないので，労契法っていう労働契約のルールを国が法律で定めて，それを労働者と使用者間の権利義務として設定するという意味では，ヨーロッパ的なものと言えるかもしれません。行政取締法規ではない，労働者と使用者間の権利義務を定めた法律が日本でもようやく一部制定されたという意味では，画期的な性格をもった法律と言えます。

なぜ日本の労働法には行政取締法規が多いのか

（📖 112頁～）

日本の労働法規は，諸外国に比べ行政取締法規が多いとのお話がありましたが，それはなぜなのか，歴史的な背景があれば教えていただきたいです。確かに労働者は事業主よりも絶対的に弱い立場ではありますが，最近は次々と新たな規制が設けられ，事業主の負担が非常に大きいと感じることも正直あります。

国民や労働者の法意識（メンタリティ）の問題だと思います。日本では，重要な内容は契約に定め，その契約規定に基づいて権利の実現を図ろう（最終的には裁判所で救済を求めよう）という意識が低い中，重要な労働契約の内容は就業規則で定められ，法律も契約上の権利義務を定めるというより，国が使用者に命じる（行政取締りや罰則の適用で法律を守らせる）という形がスタンダードになっていったのではないかと思います。そのような中で，2007年に行政取締規定や罰則規定をもたず純粋に契約上の権利義務を定めるという性格をもつ労働契約法が制定されたことは，日本の労働関係法規のあり方に大きな転換点を印すものと言えるかもしれません。

過半数代表者の選出への使用者の関与

（📖 116頁～）

労働組合等との協定について質問です。36協定，派遣社員の受入期間延長の労使協定等については，当該事業所に過半数代表組合がない場合は過半数労働者を代表する者が協定締結当事者となりますが，当該代表者が真正に選出された者か否かについて，使用者としてどこまで関知（確認）しておく必要があるのでしょうか。仮に真正でない者（例えば民主的な手続を経ていない代表者）と締結した場合，労使協定が無効となるとすれば，使用者も相応のダメージを被ることになります。使用者としてリスクヘッジを図るため，どの程度まで関与することが認められるのでしょうか。また，仮に真正な代表者でなかったことが事後発覚した場合，使用者は善意の第三者として協定の有効性を主張することはできるのでしょうか。

例外として特別の要件の下で認められているものですので，要件を欠くということになれば，法的には原則に戻ることになり，使用者が善意の第三者であったとしても，要件を欠く協定が有効となることはないと思います。過半数代表者については，労働組合ではないので，選出過程への関与がただちに支配介入の不当労働行為に当たることにはなりません。「使用者の意向に基づき選出された」（労基則６条の２第１項２号）ことにならないように注意を払いながら，選出過程の適法性について確認することは問題ないと思います。

25 ★★ 労働者代表や労使委員会の実効性

（📖 115頁～）

労働者代表や労使委員会の実効性（どれくらい本質的に運営されていることが想定されているか）については，その運用の期待値がどれくらいなのか議論があるのでしょうか。中小企業だと形骸化のケースも多い印象です。また，きちんとやろうとすると「『労働者代表』としての責任は？」という質問をよく受けます。

過半数組合については労使自治なので，基本的に組合に任されていますが，過半数代表者については実効性がある形での規制・監督が十分になされていないので，その点がまさに問題となります。企画業務型裁量労働制等に関する労使委員会制度については，決議自体を届け出させて，労働基準監督署で書面を見ながら一定の監督をするということが想定されていて，2024年４月施行の労基則改正では，この企画業務型裁量労働制等に関する労使委員会制度に係る規制が強化されています。

過半数代表者制度をどうするかが立法政策として問題になる中で，過半数代表者制度をもう少し民主性が担保できるような制度にしつつ，その中での１つのアイデアとして，労働委員会による認証制度という形にして，民主性や実効性を担保できるようにならないかという提案もあります。

現状としては，非常に複雑な労使委員会制度と，労働組合の自治に任されている過半数組合制度と，明確なルールがなくて実効性が担保できていない過半数代表者制度が並立している状況で，極めてバランスが悪い状態になっているので，立法政策としてルールの整備が必要だという認識が高まっている状況になっているのではないかと思います。

26 ★ 労使協定の「事業場」

（📖 116頁〜）

労使協定の締結当事者は，「事業場」ごとの過半数代表者とされていますが，例えば，マンション管理業などですと，勤務先のマンション１つひとつが「事業場」ということになるのでしょうか。

例えばマンション管理会社があって，それぞれのマンションに管理人を派遣しているという状況でしょうか。この点は，労基法上の「事業」概念についての説明（📖 36頁）を読んでみてください。それぞれ独立した事業場なのか，それとも場所的には分散しているけれども，規模が小さくて，１つの事業という程度の独立性がないものとして近くの上位機構と一括して一事業として取り扱うことが適切なものか，という問題になります。マンション１つひとつは場所的に別になっているけれども，それぞれ規模が著しく小さくて，労務管理が直近上位の機構により統一して行われている場合には，直近上位の事業の下で一体となった事業として把握される場合があり得ると思います。

27 就業規則の最低基準効について

（📖 206頁～）

労契法12条に定める就業規則の最低基準効についての質問です。経済産業省から「競業避止義務契約の有効性について」という文書が平成24（2012）年に公表されています。その中には，

「競業避止義務については就業規則に規定を設けている事例と，個別の誓約書において規定を設けている例があるが，就業規則に規定を設け，かつ，規定した内容と異なる内容の個別の誓約書を結ぶことについては，就業規則に定める基準に達しない労働条件を定める契約の効果を無効とする労働契約法12条との関係が問題となる。もっとも実務上は，就業規則には『従業員は在職中及び退職後６ヶ月間，会社と競合する他社に就職及び競合する事業を営むことを禁止する』というような原則的な規定を設けておき，加えて，就業規則に，例えば『ただし，会社が従業員と個別に競業避止義務について契約を締結した場合には，当該契約によるものとする』というように，個別合意をした場合には個別合意を優先する旨規定しておけば，労働契約法12条の問題は生じず，規則の周知効果を狙うという観点からも記載をしておくべきであると考えられる。」

という記載があります。

もしこれが通用するのであれば，労契法12条の効果は意味がないような気がするのですが，先生のご見解をお聞かせください。

確かに，個別合意を優先すると書いてしまってそれをそのまま適用すれば，労契法12条の意味はなくなってしまうので，そのような定めとその適用が労契法12条の解釈として整合的かどうかは微妙だと思います。他方で，就業規則に，例えば「在職中と退職後６か月間は競業行為を禁止する」という原則を書いておいて，具体的にどのような業務についてどのような地域で競業を禁止するか，代償をどのような形で支払うか等については個別の契約で具体的に定めますよという意味で，就業規則の定めと個別契約の定めが原則と例外の関係になっていて，個別の契約の内容は就業規則上の原則規定と比べて不利なものではない場合には，労契法12条の問題は生じないことになります。そういう形で，原則と例外を書き分けることはできるし，その場合には労契法12条の問題にはならないという趣旨で解釈すべきではないかと私は思います。

28 ★★★ 在籍出向の要件

（📖 429頁～）

在籍型出向については，労働局から実態が労働者供給事業に当たるものでないかと指摘を受け，次の４つの目的を有しているものであれば，認められるものであると指導を受けます。その目的とは，①労働者を離職させるのではなく，関係会社において雇用機会を確保する，②経営指導，技術指導を実施する，③職業能力開発の一環として行う，④企業グループ内の人事交流の一環として行う，等です。

これは，「労働者供給事業」の定義・概念の問題で，テキストでは労働者供給のところで説明しています（📖 430頁・注185）。この厚生労働省の解釈は，理論的には極めて疑問です。そもそも「事業」っていうのは繰り返し行われていれば「事業」に該当すると一般に解釈されているにもかかわらず，繰り返して行われていても社会的に有用であれば「事業」に当たらないと解釈している点で，無理のある解釈だと言えます。そういう意味で「出向」は理論的に解明されていない問題をはらんだまま，政策的に利用されているというリスクがあります。そのうち，問題が大きく露呈することになりそうな気がします。皆さんの足下でリスクが顕在化しないように，テキスト430頁の注185をよく読んで問題意識を深めておいてください。

5 労働協約

労働協約の効力について

(📖 149頁〜)

下記事例において，労働協約によって無効となるのは労働契約全体なのか，または労働協約を上回る部分だけでしょうか。Aさんが締結した労働契約に基づいて実際働いていた場合，仮に契約が労働協約によって無効となった場合，会社に対して債務不履行を問えますか。

上回る部分，下回る部分含めて労働協約に違反する労働契約の部分が無効になります。部分的に無効です。労働協約に基づいて労働契約が部分的に無効になり，その部分については契約上の根拠自体がなくなってしまうので，そもそも債務不履行は成立せず，請求はできないということになります。労働協約はそういう重みをもった法源なのです。

【事例】テキスト外

ある会社が，最先端のスキルをもつAさんと1,600万円で契約（就業規則の賃金表は，最高レベルの賃金額が1,200万円だったので，年間1,200万円＋特別手当400万円とした），その後Aさんは会社の組合に加入した。

ところが，組合委員長が「一部の従業員のみに多額の手当が支給されるのはいかがなものか」と異議を唱え，社長はAさんに「申し訳ないが組合との関係上特別手当は支払えなくなった」と告げた。

Aさんは会社に対して年間400万円の特別手当の請求をすることができるか？就業規則，組合の労働協約には「賃金は，賃金表に基づく基本給のほか，時間外手当，休日労働手当，深夜労働手当，家族手当，通勤手当とする」との規定があり，それ以外の手当については何ら記載がない。

労働協約の手続の瑕疵と会社の対応

（📖 153頁～）

賃金体系の変更や退職金の切下げといった不利益変更となる労働条件について，組合大会等で執行委員長に協約締結権限が付与されていたことが必要であったにもかかわらず，その手続を経ることなく組合の執行委員長が使用者と締結した労働協約は手続に瑕疵があるとして判例では無効と判断されたようですが（山梨県民信用組合事件・最二小判平成28・2・19民集70巻2号123頁），例えばこうした労働協約の締結が会社再建途上で行われ，これによる賃金・退職金の引下げが会社再建策の重要な柱であった場合で，上記瑕疵によって労働協約が無効となり再建策が整わないとして銀行からの融資が行われなかった場合，その責任はひとえに会社側が負うことになるのでしょうか。このような場合，会社は組合規約を確認して瑕疵が発生しないよう組合に手続を求め，それが整わないうちは労働協約の締結を行わないといった対応をしなければいけないかと思います。組合大会付議の問題は，組合の内部統制の問題もあるかと思います。会社としては組合にそのような要求をすることができるのか，あるいはそこまでやらなければいけないのでしょうか。

労働組合の内部手続の瑕疵について，会社が組合に損害賠償請求をするのは難しいのではないかと思います。会社としては，組合に強く要求すると組合運営への支配介入（不当労働行為）となる可能性があります（📖 1249頁～）ので，組合の内部手続について，圧力をかけたり介入したりするのではなく，事実関係を確認しながら，労働協約の締結プロセスを進めるのがベターだと思います。

地域単位の拡張適用に使用者が対抗する手段

（📖 166頁～）

地域単位の労働協約の拡張適用について恥ずかしながら初めて知りましたが，この決定がなされた場合は，拡張範囲に入ってしまった使用者には対抗する手立てはないという理解でよろしいでしょうか。今回ご紹介いただいたヤマダ電機等の拡張適用（📖 167頁）は年間所定休日に関するものとのことですが，年間所定休日が増えるということはその分補充人員を増やさねばならない，つまり人件費が増えることになり，経営状態によっては応じることが不可能な（応じたら倒産する可能性がある）使用者もあるかと思います。その場合も対応する義務があるということでしょうか。それとも，労働委員会は拡張適用される使用者の状況をある程度把握したうえで，どうしても無理そうなところがある場合は修正を加えるというような配慮をして決定するものなのでしょうか（例えば，今回の対象は大型店舗のみなので経営上問題になることはないだろうと判断したなど）。

地域単位の拡張適用の目的の１つは「公正競争条件の設定」にあるので，この条件を実現できない会社（使用者）は，そもそも競争に参加する資格がないという性質のものです。もちろん，拡張適用の決定の際には，競争条件として高すぎる水準のものとなっていないか（新規参入の障壁になってしまわないか）も考慮されますが，決定された条件（公正競争条件）を実現できないところは市場から撤退してくださいということになります。発想としては，地域別最低賃金に近いものと言えます。

有効期間の定めのない労使協定については解約できるのか

（📖 169頁～）

有効期間の定めがない労働協約は，当事者の一方が，署名または記名押印した文書によって相手方に予告して，解約することができますが，有効期間の定めがない労使協定についてはどうでしょうか。

基本的には労基法上の労使協定については，労組法上の労働協約そのものではないので，労組法15条３項，４項のように，期間の定めのない労使協定だから90日前の予告をすれば当然解約できるというわけではありません。これは過半数組合または過半数代表者と書面で結んでいるものなので，期間の定めのない労使協定がある場合には，その相手方と話し合って，解約するかどうか，内容を改めるかどうかを話し合うということになると思います。36協定は，労働時間の上限という重要な事項を定めるものなので，きちんと１年の有効期間を定めて，毎年毎年交渉して締結するということになっていますが，その他の労使協定では，必ずしも期間の定めが求められていなくて，労使協定があれば例外が認められるというタイプのものもあるので，これは労組法ではなく，労基法とか労基則の定めに沿って対応することになります。

事情変更による労働協約の解約について

（📖 171頁）

例えば，コロナや急速な円安等の異常事態が発生し，協約締結当時に全く予見しえず，事業継続のため買収しか選択肢がないようなケースで，労働協約に事前協議条項があるとＭ＆Ａで買収する時に労使交渉をするのが大変だから，これを解約してほしいということをM＆A上で言われていた場合に，有効期間満了前でも事情変更があったとして解約できるでしょうか。

基本的に期間の定めのある労働協約は,期間中は解約できません。しかし，よほど大きな社会的な事情の変更があった場合には，事情変更の法理として解約できることがあるのではないかということも一般的な契約法理としては議論されていますが，この質問では，その中身が事前協議条項なんですよ。何か変化があった時にはきちんと事前に情報提供をしながら誠実に協議しなければならないということを定めているものなので，その規定の有効期間中にM＆Aで買収する側が交渉するのは大変だから事前協議条項を解約してくれって言われたからといって，事情変更があったとして解約をすることは難しいのではないかと思います。

6 就業規則

就業規則の手続は日本特有のものか

（📖 180頁〜）

労基法89条の記載事項に従った就業規則を届け出ることにより，使用者は個々の労働者の同意を取り付けることなく，統一的な労働条件を設定する手段を手に入れることが可能となり，結果，効率的な事業運営の手段の１つを手に入れることとなって，日本型雇用にも寄与したというのが私の仮説です。労働契約の成立は労契法６条が原則であり，７条（周知と合理性があれば個別の同意を取り付けていなくても労働契約上の効力をもつ）は日本に特有のものと考えますが，先生のご見解をお聞かせください。

日本の周知と合理性があれば，個別の同意を得ていなくても労働契約の内容になるというのは，日本的な雇用システムに基づく契約法理です。特に日本の正社員については，学卒一括採用で，まとめて大量に採用する。その際に，個別に労働条件を合意するんじゃなくて，労働条件については就業規則の内容通りにするということを前提に労働契約を締結するという形で労働契約の内容が定まっていて，それを判例法理として創作し労契法の内容になったのが，労契法７条です。そういう意味で，アメリカとかフランスにはない労働契約法理を日本の雇用システムと結びつきながら形作っていったものと言えます。

35 就業規則の必要記載事項について

（📖 182頁～）

労基法89条の就業規則の必要記載事項には，米国のエンプロイーハンドブックや国家公務員法にある服務関係の項目が規定されていない（もしかしたら第10号の「労働者のすべてに適用される定めをする場合には，これに関する事項」というところに該当するのかもしれませんが）のは，労基法89条の目的が，事業場ごとの法定労働基準を監督行政機関が，効率的にチェックすることを主眼としておかれた規定なのでは，と考えてしまうのですが，この考えは間違っているでしょうか。

その理由の１つはそうだと思います。刑罰規定でもあり行政取締規定でもあるので，明確に定めなければいけないというので，きちんと１号から９号までは明確な形でこれは明記しなさいということが書かれています。もっとも，そこには，表彰，制裁とか，職業訓練とかの定めも含まれていて，さらに10号で労働者のすべてに適用される定めについてもきちんと明記しなさいということになっているので，その風呂敷自体はとても広いものになっていて，包括的・複合的なものになっていると言えるかもしれません。

36 一部の人への適用規定は相対的必要記載事項か

（📖 182頁～）

「ストックオプションは，部長以上に付与する」とのルールは，労基法89条10号の「労働者のすべてに適用される」わけではないので，就業規則の相対的必要記載事項と解さなくてもよいでしょうか。

確かに労基法89条10号は，労働者のすべてに適用される定めについては記載しなければいけないと書いてありますが，これは全従業員に例外なく適用されるものという意味ではないと思います。例えば，正社員には全体に適用されるけど，契約社員を１人だけ雇っていてその人には適用されないので記載しなくていいという解釈にはならないのではないかと思います。集団的に適用される労働条件や職場のルールを明確化させようという法の趣旨からすると，一定範囲の者に適用される集団的なルールがあれば，集団的に適用されるルールとして記載することが望ましいという解釈になるのではないかと思います。

37 就業規則の本則と別規程について

（📖 182頁～）

賃金規程等，就業規則の本則から切り離して別規程の形で作成することを労基法で認めているのはなぜですか。都合の悪い賃金規程や退職金規程を開示せず，就業規則の本則のみ周知している企業が散見されます。

就業規則は強行法規の適用なので，就業規則の本則と言おうが，細則と言おうが，どういう名称でもそういうものを総称して「就業規則」として，実態に沿って定義・解釈をしています。細則で定めたり，別規程で定めたりしてもいいけれど，ここで言っているように，細則とか別規程が周知されずに，本則のみ周知されているとすれば，本則しか就業規則としての効力をもたずに，細則については就業規則としての効力をもたないということになりますし，周知義務違反になるので，きちんと全部周知をするようにしてください。

38 就業規則がないパートタイマーについて

（📖 182頁〜）

就業規則に「ただしパートタイマーについては個別の契約書による」というただし書きがあり，パートタイマーの就業規則が存在していない場合は，就業規則の内容と雇用契約書の内容とどちらが有効になりますか。正社員の就業規則には退職金，休職制度があります。

パートタイマーに適用される就業規則がない場合には，その労働者に対しての就業規則がないので，労基法89条違反になります。労基法違反になって刑罰とか行政監督の対象になりますが，ではただちに正社員の就業規則が適用されるかというと，これは契約の解釈の問題になるので，ただちに正社員の就業規則が適用されるということにはならないですし，ただし書きで「パートタイマーについては個別の契約書による」と書いてあれば，契約の解釈としては，パートタイマーについては，労基法違反があるかどうかとは別の契約の解釈として，パートタイマーの労働契約の内容については個別の契約書によると解釈されることになると思います。そして個別の契約書には退職金の定めも休職規定もない場合には，契約上退職金も休職制度もないという解釈になりそうですが，そのうえでパート有期法８条の不合理な待遇の相違の問題になって，「不合理」と判断されると不法行為としての損害賠償請求の対象になることになります。

39 内定者に対する周知について

（📖 196頁〜）

これまで就業規則は，入社する前の内定者（まだ労働者ではない）には入社時に開示しておりましたが，入社する前の労働契約成立時に周知すべきでしょうか。

労働契約締結時に明示するということになっていて，採用内定法理だと内定時に労働契約が成立することが多いと解釈されているので，理論的には10月１日の内定式の時には，きちんとこういう内容の労働契約を結びますよ，それが就業規則に書かれているのであれば就業規則をきちんと明示するということが理論的には求められます。実際には４月１日の就労開始の時点で周知しているところが多いので，理論的に想定されることと実務上の運用がずれていると言えるかもしれません。内定式の時に明示していなかった場合には，労基法15条違反として罰則の適用をするかどうかは微妙なところではありますが，10月１日の内定式の時にこの会社に入りますという誓約書を提出させ，会社も内定通知書を手交しているのであれば，賃金や労働時間などの労働条件はこうなりますよと明示しておくのが，やはり望ましいと思います。

「周知」について

（📖 197頁～）

周知は，「知ろうと思えば知り得る状態」とのことでしたが，先般施行された産後パパ育休では「個別の働きかけ」という文言が書かれていたかと思います。そもそも，なぜ周知で足りたものが個別説明になってきているのかという背景や，今後，「周知」の解釈も個別合意まで必要になるような形に変わっていく可能性についてご教示ください。

厚生労働省としても「周知」で，知ろうと思えば知り得る状態に形式的に置いたということだけでは労働者の個別の理解を得ることが難しいことが多いので，単なる「周知」だけではなくて，面談とか意向確認などをして積極的に働きかけをしていくということを推奨しようという方向になってきています。その政策的な動きの１つが産後パパ育休で，今後もいわゆる「プッシュ型」の積極的な働きかけを求める傾向は強まっていくと思います。これは，単なる情報へのアクセスだけではなくて，きちんと理解してもらえるような説明をする手続を踏むことを求めるようになってきている判例の傾向にも沿ったものになっています。要は，制度や情況が複雑になっていく中で，単に知ろうと思えば知り得るというだけではなくて，具体的にどういう中身になっているのかを説明し理解を得るという意味で，アカウンタビリティ（説明責任）を求める傾向が判例と立法の双方で強まっているという風に言えるのではないかと思います。

41 外国人労働者に対する周知について

（📖 197頁～）

就業規則の実質的周知について，外国人労働者に対する周知はどのように考えたらよいでしょうか。日本語能力に応じて，平易な日本語（ふりがな）を使うとか，母国語の翻訳を付することも必要でしょうか。また，労基法上の周知については日本語のみでよいでしょうか。

労基法の周知というのは手続的なものなので，基本的には日本語で本体を周知すればよいのではないかと思いますが，労働契約上，本来きちんと理解して契約の締結をしてもらうというものについては，日本語が全く理解できない人には，例えば英語や母国語で理解できるように説明することが望ましいかもしれません。必ずそうしないと法的効力が認められないことになるかどうかは今のところ確たる判例や解釈はないと思いますが，少なくとも日本語を理解していなくて英語でコミュニケーションをとる人を採用する場合には，英語等で就業規則や契約内容を明示して理解を得ながら契約を結ぶことが望ましいと思います。

42 テレワークガイドラインと就業規則

（📖 201頁～）

就業規則の変更の効力要件である「合理性」について，テレワークガイドライン（📖 703頁・注53参照）との関係で質問です。このガイドラインでは，テレワークの実施にあたり，対象労働者本人の納得を得ることを勧めています。とりわけ在宅勤務は，私的な場所を業務の場所とするだけに慎重な配慮が必要という趣旨でしょう。就業規則を変更して在宅勤務を命ずる規定を導入した場合でも，このガイドラインに則して，労働者の個別の事情を十分に斟酌すべきだと考えられます。しかし中には，就業規則で在宅勤務の規定を置けば，労働者は当然従う義務があるという議論も見受けられるようです。テレワークガイドラインは，労働法の法源としてどのように考えるべきでしょうか。

思うに，ガイドラインは強行法規とは言えないまでも，国家が推奨するルールであり，仮にテレワークを拒む労働者と使用者の間で紛争になった場合，裁判官がガイドラインを「公序良俗」あるいは「使用者の権利濫用」の判断基準とすることは十分考えられると思います。社会保険労務士としては，「就業規則で定めれば当然に労働者に在宅勤務を命ずることができる」といったアドバイスは避けるべきで，「たとえ就業規則に定めた場合でも，ガイドラインの趣旨を尊重し，労働者の個別の事情を聞き取って，理解と納得を得てふさわしい対応を考えていただきたい」とアドバイスすべきでしょう。無用の紛争を回避して労使の信頼関係を維持向上させることをアドバイスの姿勢とすべきと考えますが，いかがでしょうか。

ガイドラインは直接の私法上の効力をもっているもの（いわゆる「法源」）ではなく，解釈の指針や努力義務的なものを混在させつつ，政府としてそのような取扱いを推奨しているということを示すものです。

理論的に言えば，テレワークは就業場所の問題で，一時的な在宅勤務であれば出張と同様に業務命令で，一定期間以上のものであれば配置転換と同様に就業規則上の根拠に基づいて命じる必要があると解されます。さらに，いずれの場合でも権利濫用や公序良俗等の強行法規に違反しないようにすることが求められます（裁判例として，テレワークを行っていた従業員に対する出社命令を権利濫用として無効としたものもあります〔📖254頁・注41〕）。ガイドラインがどのような法的意味で「労働者本人の納得」を得ることが必要と言っているのかは判然としませんが，このような理論的枠組みからすれば，労働者個人のプライベートな空間を借りて業務を遂行してもらうことになるので，仮に就業規則などで契約上の根拠があった場合でも，労働者の納得を得るかたちで進めないと権利濫用になる可能性があるのでご注意ください，というレベルで言っているのではないかと推測されます。果たしてどのような場合に本当に権利濫用となるか（労働者の意向や希望を無視したテレワーク勤務命令を裁判所が実際に権利濫用と判断するのはどのような場合か）は今のところはっきりとはしていませんが，労働者のプライバシーにもかかわるので配慮が必要という意味での指摘ではないかと思います。抽象的あるいは根拠が不明確なガイドラインについて，どのような理論的意味があり，具体的にどのような帰結を導き出すことができるかについては，まさに専門家として適切に解釈・判断し発信していくことが大切だと思います。

労働組合がないときの手続

（📖 223頁〜）

労働条件を引き下げる場合，労働組合があれば，会社は社長と担当役員等，労働組合はその代表（団）と交渉をし，会社は労働協約締結に向け，納得が得られるよう努力するのだろうと思いますが，労働組合がない場合

は，労働者の過半数代表者と交渉しても，労基法で定められた36協定等の労使協定締結を別にすれば，合意を得ることの意味がないと思います。労契法８条の合意を得ようとするときも，労契法10条の周知と合理性によって労働条件を変更しようとするときのその裏付けのための努力にしても，労働組合がない場合は具体的にはどのような方法をとればよいのでしょうか。食堂などに全従業員を集めて説明会を開き，納得を得る努力をし，１回で納得してもらえないときは何度か説明会を開いて納得を得られるように努力をするということになるのでしょうか。そして，納得が得られれば，就業規則の変更について意見書を書いてもらって労基署長に届け出る，賃金・退職金などの労働条件を引き下げる場合など会社としてもぎりぎりだが労働者も納得できないときは，会社は就業規則変更の強行突破に出て，もし訴訟になったら「高度の必要性」があったことを主張・立証するということになるのでしょうか。

基本的な流れはその通りです。就業規則改定によって安定的に労働条件を変更していくためには，労働組合（できれば過半数組合）があってその合意を取り付けつつ，就業規則を合理的に変更していくことが重要ですが，労働組合がない場合には，従業員を集めた説明会を開き，その理由と内容を丁寧にわかりやすく説明し（Q&A等を作成して具体的に説明することが鍵になります），従業員全体の合意を得ていく（集会で反対意見等があった場合には丁寧に回答し説明を尽くしていく）ことがポイントとなります。この手続面での合理性と，実体的な合理性（不利益の大きさと変更の必要性の勘案等）とを総合考慮して，就業規則変更の合理性が判断されることになります。

労働条件の不利益変更について

（📖 223頁）

みちのく銀行事件では，高年層の賃金の引下げと同時に若年層の賃金の引上げを行ったことが合理性を否定する方向に働いたのではないかとのお話がありましたが，経営が健全な状態であるが，もともとの賃金配分が高年層に偏っていた場合に，これを是正するために若年層の賃金を引き上げて，全体として賃金は減らさないという制度改正に合理性は認められにくいでしょうか。

賃金カーブが偏っている時に賃金カーブを変更しますよということは，就業規則の変更としてあり得ますし，場合によっては高年齢層に不利益になる変更をするということは一般的に行われていることなのですが，こういう場合には，例えば，賃金原資は減らさないようにするとか，不利益を被る人に対して例えば調整給を設けて少なくとも２～３年は不利益を緩和するような措置をとるといった工夫が必要になります。また，労働組合があればきちんと説明，説得して組合の同意を得ることが大切になりますし，労働組合がなくても従業員の説明会を開催して具体的に説明し，多くの従業員の賛同を得ながら手続を進めて行くというプロセスが重要になってきます。みちのく銀行判決では，特定層に対して大幅な不利益変更をしているのに他の層ではむしろ有利に変更されていたというバランスの悪さが特に考慮されて，合理性が否定されたのではないかと思います。

45 ★ 賃金原資の重要度

（📖 223頁）

賃金制度変更の合理性の判断の際に，賃金原資が減っていないという点については，どの程度重視されるのでしょうか。

不利益変更がある場合に，賃金原資は減らしていないということは，合理性を支える１つの事実にはなり得ます。ただ，賃金原資を減らしていないこと自体は不利益を受ける人の不利益を緩和することにはならないので，個人としてどれくらい不利益が大きいかという点で，例えば不利益が大きい場合には調整給で不利益を緩和する措置をとることも重要になってきます。不利益変更の際に，賃金原資が全体として減っているっていうことになると，不利益変更の合理性を否定する１つの重要な要素となり得るので，不利益変更をする場合にはなるべく原資を減らさず，かつ不利益になった人に調整措置，緩和措置をとるということが大切になります。調整措置をとっている数年間は，その分賃金原資は増えることになりますが，変更が全体として合理的だと評価されるためには，賃金原資を時限的に増やす覚悟をしつつ，全体としてのバランスをとることが必要になるのではないかと思います。

7 労働契約

当日の年休指定権について

（📖 243頁～）

当日行使する年休指定権について，使用者の時季変更権が行使できる余地がないので，当該権利行使は権利濫用の禁止（労契法３条５項）として無効となりますか。

当日，二日酔いでとは言えないにしても，体調が悪いので年休取りますといった場合，もう今日の24時間は始まっているので，本来は時季指定権は行使できません（📖 788頁）。本当は，その日の24時間が始まる前に（午前０時までに）時季指定権を行使しなければいけないのですが，始業前の午前８時とか８時半に電話して年休を取らせてくださいといった場合，会社としては，好意的に年休として取り扱ってくれているという風な解釈になるかもしれません。法的には，権利濫用というのではなく，そもそも労基法上の権利行使とは認められないということになるのではないかと思います。これを年休として認めるという取扱いは，労基法の強行的な解釈の話ではなくて，両当事者が合意に基づいて年休類似の取扱いをしているという位置付けになるのかもしれません。

社内の事務的ルールの法的位置付け

（📖 248頁～）

明文で細かく定められているものの，①公表はされているが就業規則の一部となっておらず従業員の意見は反映されていない，②公表すらされておらず担当者しか知らないルールについて，法源として位置付けることは可能ですか。経費精算方法や申請手続など，事務的で重要性が高くはなく，その有効性に疑問をもたない従業員が多いルールを想定しています。どこかに法源を求めないと会社の運営上支障はありますが，労使慣行や黙示の合意と位置付けるための裁判例の要件（📖 248頁の①～③）を欠くと思われるケースが多いです。

そもそも公表されておらず担当者しか知らなければ，黙示の合意や事実たる慣習は成立しません。法源とする必要性がある場合には就業規則として効力をもたせることが考えられますが，その場合もやはり周知が必要になります。労働者に提示することを想定していない内規（内部利用のための文書）や広報用の社内報など「規則」としての実態をもたないものは就業規則には当たらないとされていることは，就業規則の定義の箇所（📖 178頁～）をご参照ください（ANA 大阪空港事件・大阪高判平成27・9・29労判1126号18頁〔内規の就業規則性を否定〕，永尾運輸事件・大阪高判平成28・10・26労判1188号77頁〔社内報の就業規則性を否定〕，Chubb 損害保険事件・東京地判平成29・5・31労判1166号42頁〔制度概要の説明資料等の就業規則性を否定〕など参照）。

就業規則のない中小企業での業務命令の権限

（📖 252頁～）

契約上の根拠がないと指揮命令，業務命令もできないということは理解できますが，10人未満の中小企業において，就業規則も労働協約もなく，労働契約でも主たる業務しか合意していないと思われる場合，（付随的な）業務命令は当然できるものと思いますが，いかがでしょうか。就業規則がない場合，懲戒解雇はできないが，使用者の権利として普通解雇はできるのと同様に，労働関係に入れば，通常の業務命令は明らかな根拠がなくてもできると思うのですが。

法的な解釈としては，黙示の合意の有無等の問題になると思います。労働契約を締結しているのであれば，通常こういう業務命令をするのは当然だし，両当事者ともそういう命令が出るのを法規範として受け入れていると思われるような場合には，業務命令権が黙示の合意により基礎付けられていると解釈できるのではないかと思います。就業規則を作成していない会社では，就業規則を作成している会社と違って，業務命令で好き放題できると解釈されないように，就業規則がない場合も，黙示の合意の有無などで規範的な判断を挟むことが理論的には重要だと思います。もっとも，この点は水町説的な理解・解釈であり，労働法上一般的な解釈となっているとは言えないかもしれません（他の教科書等でここまで踏み込んで解釈しているものはあまりありません）。

職務専念義務違反の範囲

（📖 254頁〜）

職務専念義務違反が成立するためには，目黒電報電話局事件においては，現実に職務の遂行が阻害されるなど実害の発生を必ずしも要件とするものではないとされていますが，そこまで範囲を広げてしまうのは労働者にとって酷な気がするのですが，いかがでしょうか。やはり総合的な判断でこのような結論に至ったのでしょうか。

また，そもそも職務専念義務自体の根拠が国家公務員法101条ですし，電報電話局自体も特殊法人で職員もみなし公務員であることから，一般の民間人にこの事件の判断を当てはめるのもどうかと思います。

債務の本旨に従った履行の提供かどうかというときに，例えば目黒電報電話局事件では，仕事をする際にバッジとかプレートを付けて働くのは債務の本旨に従った履行の提供とは言えず，職務専念義務違反だと最高裁で言われていますが，この点については，いわゆる抽象的危険説と具体的危険説があり，バッジを付けても具体的な危険はないじゃないかという具体的な危険まで求めるのか，具体的な危険は結果的に発生していないとしても抽象的にそういう業務上支障が生じるおそれがあれば，これは債務の本旨に従った履行の提供とは言えない，職務専念義務違反だとするのかで，具体的危険説と抽象的危険説の対立があって，裁判所は抽象的危険説をとっているように見えるという解釈で，この点は解釈の違いの問題になります。この点は，具体的危険説になると実際やってみて業務に支障がなかったという結果によって判断してよいのか，それとも，潜在的には可能性はあるという場合に，事前に労務提供を拒否して賃金を支払わないことができるのかという解釈の違いでもあります。

公務員法では職務専念義務と言っていますが，民間部門の労働契約だと誠実労働義務とも言われているもので，言葉として職務専念義務と言っても誠実労働義務と言っても，債務の本旨に従った履行の提供と言えるかどうかを，実質的に業務の支障を生じさせるおそれがあったか否かで判断するという点では，基本的には同様ではないか（公務員だからといってより厳格な規律を受けるということには必ずしもならないのではないか）と私は考えています。

<参考>テキスト255頁・注45「目黒電報電話局事件」
　最高裁は，旧公社職員の事件で，職務専念義務の内容について，「注意力のすべてをその職務遂行のために用い職務にのみ従事しなければならないこと」を意味するとし，胸に反戦プレートを着用して勤務することはこの義務に違反すると判断した。

50 ★★ テレワーク勤務希望の受領拒否について

（📖 254頁）

7 労働契約

会社がテレワークを中止し，出勤を命じたものの，なおテレワーク勤務を続けている労働者に対して，債務の本旨に従った労務の提供がなされていないとして，その受領を拒否することはできますか。

　まず，出勤を命じたという出勤命令自体が法的に有効かどうかが問題となります。法的に有効な出勤命令で，権利濫用にもならないような対応での出勤命令だと，職務の内容が，出社して勤務するということになっているので，出社して勤務していないのは債務の本旨に従った履行の提供ではないということになって，履行を拒否して賃金払いませんと言うことは，理論的に可能です。

　その出勤命令が果たして有効かどうかは，どういう形で出社勤務かテレワーク勤務かを合意していたかの問題になります。また，リモートワークを行っていた従業員への事業所出社命令について，業務上の必要性があったとは認められず無効であるとした判決（📖 254

頁・注41）もあります。これは，業務上の必要性もないのに出てこいと言うのは権利濫用だという判断で，仮に労働契約上出勤を命じる権限が使用者にあったとしても，その権限の行使である出勤命令が事情によっては権利濫用になるという解釈です。権利濫用となるような事情がないかどうかも，検討すべきポイントになります。

在宅勤務における費用負担

（📖 256頁～）

職務遂行上の損害賠償責任の逆パターンとして，コロナ禍での在宅勤務における私物の職務利用は問題にならないのでしょうか。パソコンは会社から貸与（会社で使用していたものを持ち帰っただけ）であっても，会社システムとの通信費，光熱費は社員の負担となります。また，補助ディスプレイや，マイク・ヘッドセットの追加購入も社員の負担となります。就業規則で明確な定めもなく，会社からの費用補償もない場合，①使用者と労働者にどのような権利・義務が発生するでしょうか。②その請求時効は，民事債権と同じと考えてよいでしょうか。③トラブルを回避するために，どのような就業規則を整備すべきでしょうか。

職務遂行に必要な費用（例えば，勤務中に着る服の費用）をどちらが負担するかについては，法律上明確な定めがあるわけではなく，労使の話合いで決めることが大切になります。その中で，労働者が負担する費用（例えば，テレワークの際の通信設備・通信費用）があるとすれば，就業規則上明記する必要があります（〔労基法89条５号〕〔📖 182頁・注15〕参照）。もし話合いがなされておらず，就業規則にも定められていないとすれば，契約の解釈の問題となりますが，労基法89条５号の反対解釈または民法の雇用契約に関する規定（民法623条以下）の解釈（委任契約における事務処理費用の前払請求〔民法649条〕や償還請求〔650条〕に類する規定が雇用契約に置かれていないのは労働者が職務遂行にかかる費用を負担することを想定していないかったものと解される）によって，職務遂行にかかる費用は労働者ではなく使用者が負担すべきものだと契約上解釈され，労働者に必要費用の償還を請求する権利が認められる可能性があるのではないかと思います。

この場合の費用は一種の業務費として賃金には当たらず（📖 656頁～），通常の債権と同様の取扱いになることが多いでしょう。

テレワークを選択する労働者の権利について

（📖 261頁～）

コロナ禍で一気に普及したテレワークから出社回帰が増えている印象です。そうなると，従業員からは，「過去２年間にわたりコロナ禍でテレワークの環境を整え，それに合った生活サイクルを形成した以上テレワークをする権利がある」という意見があるなど，会社と従業員間でトラブルが少なからずあることを耳にします。

これについては，（もちろん慎重な労使間の協議は必要ですが，）テレワークに関する特別な就業規則での定めがない限り，原則としてテレワークをする権利を従業員は有してないという理解でよろしいですか？

基本的には就業場所に関する労働契約上の定めの問題になります。出社するのが当然なのか，家で働くのが当然なのか，どちらなのかは，あらかじめ労働法上の強行法規でも任意法規でもどこでも決まっていないので，当事者間でどう話し合って決めるかという問題で，当事者間で就業場所について話し合って，どういうルールの下で出社してもらうのか，テレワークをしてもらうのかについてのルールを決めることが大切になります。そのルールを就業規則に合理的な形で定めて，周知をして，それに基づいて指示を出すということが想定されます。就業場所については，労働契約上の一般的なルールとして，出社と在宅のどちらが原則でどちらが例外かというルールは法律上も契約解釈の準則としても存在しないので，就業規則等の定めがない場合，労働者としては出社する権利があるとか在宅で勤務する権利があるかは，定まっていない状況にあると思います。こういう点こそ，ガイドラインで曖昧に定めるのではなく，労働契約法上，原則的なルール（デフォルト・ルール）を定めつつ，当事者に具体的で柔軟なルールを設定するための協議を促すという法制度をとることが重要ではないかと思います。

第 2 編

個別的労働関係法

8 労働者の人権保障

契約期間の制限について

（📖 274頁～）

期間の定めのある契約のほうが期間の定めのない契約よりも契約の拘束力が強いという点は，法律を少しかじっているがゆえに，頭では何となく理解できていますが，パート・アルバイト，派遣といった有期契約の方々のほうが正社員のような無期契約の方々に比して，急に就業先に来なくなる，契約を反故にするケースが多いと思います。

拘束力が強いのであれば，それなりに待遇は高くあるべきなのにそうではない現状に起因しているような気もしますが，なぜ，法理論と実態に乖離があるのでしょうか。

実はマーケットがきちんと機能しているアメリカでは「有期プレミアム」で，有期のほうが契約期間中は解約できない（拘束性は強い）し，その期間の後の雇用保障はない（安定性に欠ける）ので，その分処遇が高くなっているという傾向があります。日本でも潜在的に言えば有期プレミアムはあって，必要な時に必要なだけだけ働いてくれる人のほうが会社としても単価としての価値は高いし，1日8時間働くより忙しい時に忙しい時間帯だけ働いてくれる人のほうが，時給が高くなるのは，理屈としてはわかりますよね。しかし，特定の時期とか特定の時間だけ働いてくれる人に対する有期プレミアムや短時間プレミアムがマーケットで機能していないというのは，日本では正規・非正規格差がそれよりも大きく出ているということではないかと思います。今後，正規･非正規格差がなくなって，マーケットがうまく機能するようになれば，有期や短時間の人にプレミアムを払うということになるのではないかと思いますが，今は，必ずしも合理的に説明できないペイを正社員を中心にたくさん支払っている中で日本では有期プレミアムや短時間プレミアムがマーケットであまり顕在化していない状況にあるのではないかと思います。しかし，同一労働同一賃金の進展やマーケットの変化の中で，日本でも遠からず有期プレミアムや短時間プレミアムが市場にも現れてくるようになるのではないか，より高い単価を払わないと有期や短時間では働いてくれなくなるという状況も出てくるのではないかと思います。

54 違約金の禁止と日本の人材育成制度

（📖 278頁～）

労基法16条違反の話の中で，従業員に一度支給した金銭を一定の条件を満たさない場合に返還させることは16条違反とされることが多い，例えば勤務しながら准看護師の資格を取得するために支給されていた手当金や学費等についても本条違反で無効となったケースがあるという話を聞いて，そのような状態なら，終身雇用制が薄れつつある現代の日本においては，資格取得のための費用を従業員に対し補助する使用者は今後ほとんどいなくなるのではないかと感じました。言い換えると，労基法を厳しく適用することを求めることによって，従業員が本来享受できるはずであった利益がなくなってしまう，ということになるのではないかという危惧です（実際に，会社からも労働者からも同様の話を聞きます）。このような点について，裁判所や立法府は無関心なのでしょうか。

裁判所はその点に無関心なのではなくて，留学費用の返還について折衷的な解釈をとって，制度を工夫すれば社費留学制度（および一定期間の勤務保証）を適法に運用することができるようにしたと言えます。学説上はおよそ無効とすべきという見解も有力に主張されている中，裁判所はその見解をとらず，中間的な解釈をしたと言えるかもしれません。とはいえ，会社の業務にかかわるような研修については，会社が払ったお金を労働者から返してもらうことはできないので，会社が負担して行わせるか，労働者が自己負担で行うか，どちらかを選択することになります。会社が負担しておいて，訓練コストを回収する前に労働者が辞めるようであれば「返せ」と言うことを許容することも選択肢としては考えられますが，労働者の辞職の自由はそれより重いという規範的な判断がなされていると言えるでしょう。労働者の辞職の自由はとても重い（間接的にそれを抑制しようとすることも許されない）のです。立法府としては，労基法の適用のない国家公務員について2006年に留学費用の返還を定めた法律を制定しています（📖 279頁～）。

55 ★★ リスキリングと違約金について

（📖 278頁～）

社内でリスキリングの機会を与えようと思っても，スキルを身に付けたらすぐにやめるのではないか？ という不安からなかなか実施する環境が整備できないという話を聞きます。

今のトレンドであったとしても，裁判例であがっている留学費用の返還請求のようなケースと根本的な問題に差異はないため，同じような対応を企業は取らざるを得ないのでしょうか。

研修をするけれども研修にかかった費用を途中で辞めたら返してもらうという場合は，研修が業務にかかわるような研修だったら労基法16条違反になって返してもらえません。リスキリングで訓練しているというのであれば，やはり業務に関連して行っていることが多いということで，この方法は労基法16条との関係で，なかなか難しい。そこでどうするかというと，リスキリングで能力が上がったら，その分きちんと評価をして賃金を上げて，人事管理や賃金制度を整備することによって訓練をきちんと受けた人が辞めないような環境を作っていくっていうことが最大の処方箋だと思います。それが上手くできないところでは，自分の会社の基本的な売り（「パーパス」）をどういうものにして，それを実現するためにどういう人達にどういう環境で働いてもらうかをきちんと考えることが必要かもしれません。

56 ★★ ビジネスと人権について

（🕮 290頁～）

近時，サプライチェーンの問題で「ビジネスと人権」が重要視されており，企業にも人権ポリシーの作成が求められている状況です。ただ，日本では，すでに労基法で年少者の保護や奴隷の禁止（中間搾取の禁止）といったものはあるので，あえてポリシーを作成しなくても法でカバーされているので問題ないという認識もあります。しかし，このような文書の作成が必要ということは，そもそも諸外国ではこういった規定がないのか，あるいは，規定はあるけれども，作成して公表することがグローバル・スタンダードなのでしょうか。

このあたり，企業として求められている背景や今後の対応についてご教示いただければと思います。

レベルが２つあって，本当に人権侵害はダメだという児童労働等の問題については，日本では日本の実定法を守っていれば権利侵害はない，人権侵害はないということが言えるのかもしれませんが，「ビジネスと人権」の議論は，国境を越えたサプライチェーンで，子会社，取引会社を含めてその会社のグループとか，サプライチェーンで，原材料の調達から製造・販売までのチェーンのつながりの中でどこを見ても人権侵害はないというルール作りが求められているのであり，日本以外の国から原材料を調達したり，外国で加工・製造をしたりしているすべてのサプライチェーンの中で人権侵害がなされていないことをチェックし監視するルールですので，その射程は日本国内に限られたものではないというのが１つです。

もう１つは，「ビジネスと人権」は，株主・投資家，消費者，求職者等を含むマーケット全体に対するアピールなので，児童労働や強制労働といった前近代的な人権侵害の問題だけでなく，女性の登用・活躍，外国人の人権保障・活用，ダイバーシティとインクルージョン（多様性と包摂）など，国外のサプライチェーンだけでなく，日本国内の企業の抱えている問題にも目が向けられています。特に外国からみると，日本企業は多様性に欠ける，閉鎖的で透明性に欠けるといった問題点が指摘され，外国のマーケットからの評価が得られにくいという問題も抱えています。女性，外国人，障害者などの人権保障や活用を進め，多様で透明性の高い経営を実現すること，このような取組みを通じて，市場からの高い評価を受けることで投資や人材や顧客を広く確保していくことが日本企業の課題であり，「ビジネスと人権」としてのグローバル・スタンダードだと思います。

57 パワハラ６類型の今後

（📖 291頁）

2012年に円卓会議によりパワハラの６類型が整備されて何がパワハラかイメージしやすくなったのですが，かえって６類型以外の言動についてパワハラ認定を渋るケースが散見されています。この６類型以外の言動について，新たなパワハラの類型とされるような議論は学会や厚生労働省内であるのでしょうか。

アムールほか事件（📖 291頁・注83）では，正当な理由なく報酬支払を拒否した経済的不利益が，パワハラの６類型には列挙されていないけれども，パワハラに該当して違法になると判断されており，厚生労働省としては，このような裁判例を受けて，これまでの６類型に新たな類型を追加するかどうかという議論になるかもしれません。最近では，上司が部下に違法行為（偽装請負）を命令・強要したことをパワハラに当たるとした裁判例（大津市事件判決・大津地判令和6・2・2判例集未登載）もあって，６類型以外の言動についてパワハラに当たるとされる例は今後さらに増えていくのではないかと思います。そのような意味で，６類型はあくまで例示だと考えてください。

そのほかに，カスタマーハラスメントの問題も出てきていて，このカスハラをパワーハラスメントとの関係でどう位置付けるかも含めて，ハラスメントについては，非常に流動的で，状況も変わっていく可能性があるので，その枠組みについては固定的ではなく，流動的で柔軟に変わり得るものだという考えをもって対応したり解釈することが，実務上も裁判上も重要だと思います。

<参考>テキスト291頁・注83

パワハラの６類型として，① 暴行・傷害（身体的な攻撃），② 脅迫・名誉棄損・侮辱・ひどい暴言（精神的な攻撃），③ 隔離・仲間外し・無視（人間関係からの切り離し），④ 業務上明らかに不要なことや遂行不可能なことの強制，仕事の妨害（過大な要求），⑤ 業務上の合理性なく，能力や経験とかけ離れた程度の低い仕事を命じることや仕事を与えないこと（過小な要求），⑥ 私的なことに過度に立ち入ること（個の侵害）の６つがあるとしている。この６つの類型は例示的なものであり，アムールほか事件は，正当な理由なく報酬支払いを拒否する行為（経済的な不利益）をパワー・ハラスメントにあたるとした。

8

労働者の人権保障

58 ★★★ ハラスメントの不法行為と安全配慮義務

（📖 299頁）

ハラスメントに関して，教科書には，職場環境配慮義務違反について「使用者の被害者に対する直接の責任を肯定することは，加害者の行為の業務関連性が否定されたり，加害者を特定できない場合に，大きな意味をもつ」と書かれています。また，パワハラ判決例では，加害者の不法行為責任を否認する一方で，使用者企業の安全配慮義務違反を認定して一定の責任を取らせるものが見受けられます。直接の加害者の不法行為責任を認めない（違法性がない）とされているにもかかわらず，職場環境配慮義務については責任を認める（違法性を認める？）というのでは違和感を持ちますし，不法行為責任と安全配慮義務違反の関係という点でも曖昧にされている印象を受けます。水町先生はハラスメント案件における不法行為責任と安全配慮義務違反の関係についてどのようにお考えでしょうか。

加害者の不法行為責任を使用者責任として負う場合に，民法715条によって，従業員の不法行為責任は使用者の責任にも直結するという規定があるのですが，この規定には「事業の執行について」不法行為が行われたという要件があり，不法行為の加害者が特定されているときにしか使えない規定になっています。例えばトイレに隠しカメラが設置されていて，誰が隠しカメラを設置したか犯人は特定できないけれど，実際に職場内のトイレで盗撮というハラスメントが起きたという場合に，不法行為法上の使用者責任は問えないけれども，職場でそういうハラスメントが実際に起こったというのであれば，職場環境配慮義務違反という債務不履行責任では使用者の責任を直接問えるっていう点が，職場環境配慮義務または安全配慮義務の１つの意義になります。

また，加害者については不法行為責任で，使用者（会社）については労働契約上の義務としての職場環境配慮義務違反（債務不履行責任）という構成の場合，不法行為の利益侵害（違法性）と労働契約上の配慮義務違反とは，その内容が，理論的にも実際の判断としてもずれてくる可能性があります。その結果，例えば，加害者の不法行為責任は認められるけれども，会社の配慮義務違反は認められないということが実際にあります。加害者の不法行為責任は否定されて会社の配慮義務違反だけが肯定されるということは実際には稀だと思いますが，加害者（犯人）が特定できなかったり，被害者が会社だけに損害賠償責任を追及したりするような場合には，会社だけが損害賠償責任を負うという結果になることも考えられます。これは，日本では不法行為責任と債務不履行責任の両方が構成として認められていることの帰結といえますが，例えばフランスでは債務不履行責任と不法行為責任の併用は原則として認められておらず，日本でも今後，両責任の調整や統合が理論的な検討課題となるかもしれません。

9 雇用差別の禁止

59 役職定年制は適法か

(📖 324頁〜，📖 1050頁〜)

いわゆる役職定年制について質問です。例えば，50歳の労働者が55歳での役職定年制が現に実施されていることを労働条件として明示されたうえで入社し，役職に就いた後，55歳到達時に役職定年制が適用されたとします。ここで制度適用後の賃金減少が起きない場合でも，役職定年制そのものが差別的取扱いであるとして当該労働者が提訴し，これを裁判所が認めることは考えられるのでしょうか。また，役職定年制のような年齢を理由とした取扱いは，今後法律等で禁止されていく可能性が高いのでしょうか。役職定年制は組織の活性化に役立つなどと説明されることが多いものの，一定の年齢に達しただけでプラス要素のほとんど存在しない取扱いが自動的に適用されることには，違和感を覚えます。

日本では現行法上年齢差別を禁止する法律や判例法理はないので，雇用差別の問題ではなく，就業規則に定められていた場合には就業規則の合理性（労契法７条・10条）の問題となります。日本の古い判例（秋北バス事件判決〔📖 225頁・注165〕）では，人事刷新のために定年制は合理的と言っているので，それを敷衍（ふえん）すると，人事刷新のために役職定年制も合理的（一定年齢になったら若手に役職を譲ることにも理はあるのでは）ということになるかもしれません。しかし，年齢は必ずしも能力とは直結しませんし，そういうステレオタイプな見方自体がおかしい（差別だ）という考え方が社会的に広がっていけば，裁判所で合理的でないと判断される可能性はありますし，さらには日本でも法律で年齢差別は原則禁止という時代が来るかもしれません。年金も60歳から75歳まで支給開始年齢を柔軟に選べるようになりましたし，雇用法制もそういう時代の流れに沿ったものに変わっていってほしいと私は思います。

雇用差別の禁止と同一労働同一賃金

（📖 326頁～）

非正規雇用の差別についてアメリカとEUでその考えや背景が全く異なる点は，非常に興味深く感じました。今般の日本型の同一労働同一賃金政策は，非正規雇用を差別と捉えるEUの考えをベースにされているかと思いますが，EUのような「非正規はコスト削減の対象ではない」という側面は政府の骨太方針等を見てもあまり前面に出ていないと思います。それはなぜなのでしょうか。

生産性を上げて付加価値を高めるということを政策として推進している点では，基本的な方向性は一緒なのですが，なぜそこまで明確にしてないかというと，日本は正社員中心主義があって，正社員中心のシステムとのバランスとか，正社員との調整をどうするのか，非正社員で雇用調整やコスト削減ができないとすると正社員も雇用調整やコスト削減の対象になってしまうのかという意識的な抵抗もあるので，そこまで明確に出せていないというところがあるのではないかと思います。判例でも正社員人材確保論のようなものが今でも残っている状況（📖 387頁～）で，正社員の雇用を中心として考えてきた意識が，法改正のときにも部分的に顔を見せているというところが，ヨーロッパとの大きな違いかなという気がします。もっとも，これは意識や社会情況によるものですので，これから社会が大きく変わっていけば，そういう意識や情況も大きく変わっていくのではないかと思います。デジタル化や少子化の中で，社会が一気に変わっていく可能性もあるかもしれません。

<ポイント>テキスト320頁〜
非正規雇用の差別についてアメリカとEUの違い

アメリカ

アメリカは契約自由を重視しているので法は介入はしない。
アメリカで差別を禁止しているのは，不可変の属性や基本的権利にかかわる部分であって，当事者が契約で選択できる雇用形態については禁止されていない。

E U

ヨーロッパは社会的差別に対する意識が強い。
コスト削減による安売り競争はせず，より高い付加価値を持った商品を売ることで，人間をコスト扱いしない。

61 ★★ 定年と雇用差別について

（📖 327頁〜）

年齢による差別禁止が謳われている中で，定年という年齢で区切る考えはそもそも差別に当たらないのでしょうか。

欧米諸国で制定されている年齢差別禁止法でまず禁止の対象とされるのは，定年制です。年齢によって雇用が切られるということは，労働者にとって一番深刻な事態で，定年というのが最大の年齢差別なのですが，実は，年齢差別禁止法を制定した国の多くでは，合理的な理由があれば例外として年齢による退職を認めるということになっています。これは雇用政策や年金政策とも関係するので，例えば若者の雇用がひっ迫しているときに，高年齢者には辞めてもらって若者に雇用を明け渡すということとか，年金政策との関係で，満額の年金を受給できる年齢になったことを雇用終了の理由とすることは例外として許されるという政策・解釈をとっている国は多いので，例えば日本でも65歳で標準的な年金を受給できる年齢になったらそれを理由に雇用を終了するということは，日本で年齢差別禁止法を制定したとしても，1つの例外として，合理的理由がある取扱いと認められる可能性があります。そんな中で，日本でも年齢差別を原則として禁止する場合に，どういう取扱いに例外としての合理的な理由を認めるかという点を政策的に整理すれば，年齢差別禁止法を日本で定めることは不可能ではないし，むしろ役職定年制とか今の高年齢層の雇用の状況を考えれば，年齢差別禁止法をきちんと制定して，原則と例外とバランスのとれた制度設計にしたほうがよいのではないかと私は思っています。

62 ★★★ 雇用差別の禁止に向けた道のり

（📖 360頁～）

1985年制定の男女雇用機会均等法と時を同じくして労働者派遣法が成立して，派遣労働が女性就労の受け皿となり，その後の法改正やポジティブ・アクションも含めて表面的な男女差別が解消されていく一方で，「マミートラック」といった現象も生まれ，少子化・労働力不足の根本的な社会課題の解決は，未だ達成途上にあると思われます。かつての労基法では，女性は時間外労働や深夜労働も男性と比較し制限されており，それは女性に対する配慮という意味もあったかと思われます。そういった文化背景もある中で，この問題を「差別」と言ってよいものなのかどうか，そもそも何をしたら差別になるのか，差別の定義が「解釈」によって変わってくることに，雇用差別禁止をめぐる問題の難しさを感じました。

どの国でも，ある意味では通る道です。まず，直接差別を禁止すると，コース別雇用やマミートラックなどができてくるので，性に中立的な措置でも女性に不利益な結果をもたらすようなもの（マミートラックなど）は間接差別として禁止する。それでも残存する差別に対しては，ポジティブ・アクションとかアファーマティブ・アクションと言われる一種の優遇措置をとって差別の是正を図る（例えば,クォータ制やパリテと言われる男女同数枠制度など)。すると，逆差別やスティグマ（刻印）の問題，表面的・形式的な数字合わせの対応などが出てくるので，それぞれの現場でゴールを決めて目標達成を目指す取組みをする（それを公表したり認定マークを付与したり公共入札で優遇したりして，市場や評判を通したインセンティブ・システムを作り上げる)。しかし，インセンティブでは弱かったり，インセンティブとは無関係なところで差別が残存したりするので,やはり罰則付きの差別禁止をもう一度強化する……といった，循環的な政策の工夫・努力が各国で展開されています。日本では，こういう政策的努力が遅かったり中途半端なものであったりすることと，それに対する現場での抵抗（日本的雇用システム）が根強いため，マミートラックもなかなかなくならないという状況にあると言えるかもしれません。

10 非正規労働者

同一労働同一賃金をめぐる今後の展開

（📖 363頁～）

2023年５月の新しい資本主義実現会議「三位一体の労働市場改革の指針」では，「同一労働・同一賃金制は，現在のガイドラインでは，正規雇用労働者と非正規雇用労働者の間の比較で，非正規雇用労働者の待遇改善を行うものとなっているが，職務限定社員，勤務地限定社員，時間限定社員にも考え方を広げていくことで再検討を行う。」と書かれていますが，この検討はどの程度まで進んでいるのか，ご存じでしたら教えてください。また，改訂を行うのならどの法律を根拠に改訂を行うのでしょうか。労契法３条２項でしょうか。

よく見つけましたね。私，この分科会の委員になっているんですが，これを具体的にどういう形で実現するのかについては，まだ厚生労働省で議論が進んでいない状況です。考え方としては，正規労働者と非正規労働者の間でパート有期法があり，正規・非正規間の処遇のあり方についてガイドラインができていますが，この考え方自体は，例えば転勤義務のあるなしで違いを設けてよいのかとか，残業あるなしで違いを設けてよいのかとか，職務が限定されてるかどうかでどこまで処遇の違いを設けてよいのかとか，実は，正規労働者と正規労働者の間でも妥当し得る考え方や基準になっています。このガイドラインの考え方を，法的にも，正規労働者と正規労働者の間にも広げていくことが考えられるのではないか，そうすることによって，職務給や同一労働同一賃金の実現に向けた法的な考え方の整理ができるのではないかというのが，この三位一体労働市場改革の指針の発想です。

法的な根拠としては，パート有期法８条そのものは正規労働者・正規労働者間には適用されないけれども，例えば，無期転換したけれども待遇は有期の時のままの無期・フルタイム労働者には，パート有期法８条の趣旨は及ぶだろうということで，まず，無期転換労働者について同一労働同一賃金ガイドラインに沿った取扱いを求めていくことが考えられますし，実際に，かつてのパートタイム労働法の指針では，いわゆる疑似パート労働者にもパートタイム労働法の趣旨は及ぶということが書かれていました。また，パート有期法８条の適用上，どの正規労働者を比較対象者として選択するかは短時間・有期雇用労働者にゆだねられているので（※），実際には，どのタイプの正規労働者についても同一労働同一賃金ガイドラインに沿った対応をしておかないと，その待遇が不合理ではないという説明ができなくなってしまいます。その意味で，正規労働者の間でもガイドラインに沿った対応をしておかないといけないということを，ガイドラインに書き込むということもできるかもしれません。さらには，労契法３条２項に，就業の実態に応じた均衡待遇を求める一般的な規定がありますので，その具体的な内容として同一労働同一賃金的な解釈の基準を示すということも考えられるかもしれません。そういう文脈で，新しい資本主義実現会議の分科会では今後に向けた問題提起をしているところです。

※パート有期法８条（不合理な待遇の禁止）の比較対象について

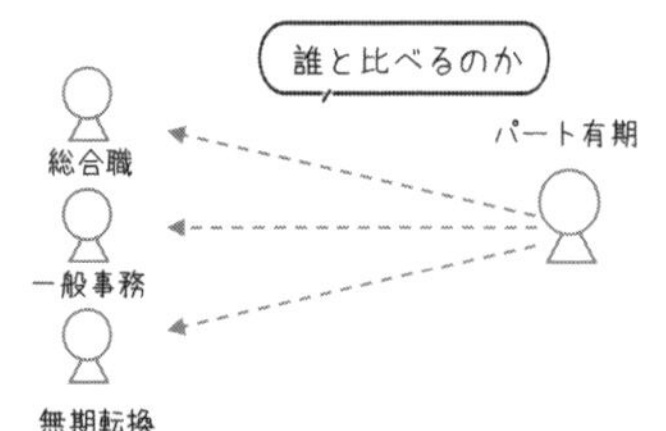

誰と比べるかはパート有期労働者側が選べる

○の待遇については「総合職」
△の待遇については「一般事務」
□の待遇については「無期転換」
と個別に選ぶことも可能

会社側は誰と比べられても説明できるようにしておくことが必要

パート有期法９条の「全期間」について

（📖 374頁〜）

パート有期法９条の均等待遇の判断は，「当該事業主との雇用関係が終了するまでの全期間」において行われますが，通達では，「当該短時間・有期雇用労働者が通常の労働者と職務の内容が同一となり，かつ，人材活用の仕組み，運用等が通常の労働者と同一となってから雇用関係が終了するまでの間である。すなわち，事業主に雇い入れられた後，上記要件を満たすまでの間に通常の労働者と職務の内容が異なり，また，人材活用の仕組み，運用等が通常の労働者と異なっていた期間があっても，その期間まで「全期間」に含めるものではなく，同一となった時点から将来に向かって判断するもの」とされています。

実務の場面でも，規定の適用場面はかなり広いものと考えられるものの，現実には裁判例が少ないのですが，それはなぜなのでしょうか。

条文上は，「雇用関係が終了するまでの全期間において」と書いてある「全期間」の解釈で，確かに条文上も，「雇用関係の開始から」終了までの全期間とは書いてありません。その解釈については，必ずしも明確な議論があるわけではなくて，厚生労働省としてはこのような通達を出すことによって，パート有期法９条の適用範囲を広げようという意図があるのかもしれないですね。この解釈は，一般に広く認識されているものではなく，裁判例でもこのような解釈を明確な形で採用したものはないと思いますので，この解釈・考え方でパート有期法９条が広く活用されるには至っていません。実際には，職務の内容も職務内容・配置の変更範囲も正社員と同じという短時間・有期雇用社員はたくさんいらっしゃると思いますので，このパート有期法９条の活用の範囲はこれから大きく広がっていくかもしれません。

パート有期法８条の中身について

（📖 377頁〜）

旧パート法８条と現行パート有期労働法８条とでは，表現は変わっているものの，中身は同じだという意見をよく聞きますが，先生のお考えをお聞かせください。

条文の表現は変わっているのだけれども，改正前の労契法20条とパート有期法８条の不合理な労働条件の禁止，不合理な待遇の禁止の中身は同じなのではないかということが学説上ときどき言われていますが，この点については考え方は２つあります。１つは，基本的には不合理な労働条件や待遇を禁止をしていて，どちらも趣旨は同じだから，条文の中身・内容も同じだという解釈と，条文の文言自体が変わってそれぞれの待遇について当該待遇の性質・目的に照らしてという新たな判断基準も示されているし，新しい条文についてはガイドラインも定められているので，解釈自体変わっているという解釈です。前者の解釈をとっている学説については，実は，改正前の労契法20条の範囲を狭く解釈していた説が多くて，労契法20条は著しい格差があるときだけ違法であるとか，基本給については不合理な格差の認定は難しいのではないかと言っていた学説が多いところです。その中で，新しい条文になっても，この点は基本的には変わっていなくて，不合理な待遇の禁止というのは著しい格差のみを違法としていて，同一労働同一賃金ガイドラインは行政上の指針に過ぎなくて法的効力をもつものではないと主張されている方が，前者の解釈をとっている人に多くなっています。結局は，この点での解釈の違いは，新しい条文の射程をどう解釈するのかにかかわる点です。私は後者の解釈をとっていて，法改正の意義や新しい条文の可能性を広く考えています。

菅野労働法の引用について

（📖 381頁・注35，404頁・注99，408頁・注119）

テキストの第10章の脚注には，菅野労働法の旧版を引用している個所がいくつかありました。教科書の最新版で書かれていないものを引用しているのはなぜですか。

最新版に書かれていないということは，現在の議論で不要あるいは見解を変えたから，著者があえて削除したと思っていたので，読者はどう読み解けばよいかを教えていただけると，今後の学習の参考になるので助かります。

テキストを細かいところまでよく読んでいただいているなと感謝申し上げます。テキストの注の中で菅野労働法を引用するときには，基本的にはその当時の最新版（第12版）を引用しているのですが，おっしゃるように菅野労働法初版とか菅野労働法第４版とかを引用している箇所は何か所かあります。なぜそれを引用しているかというと，今の12版では書かれていないことが，昔書かれていて，学説とか裁判例に影響を与えていたかもしれない記述が今は記載されなくなっていて，菅野先生以外にそのような解釈をとっているものがない場合には，やはりその当時の記述をこういう形で引用して，その考え方や解釈について論理的に検討する。場合によって解釈が間違っていると思うときには，その点を明確にしておくことで，学説上の議論の軌跡をちゃんと残しておくことが大切だと思って，菅野先生が昔書かれていた記述を復活させて書かせていただいています。菅野先生がなぜそのような記述を改訂の際に削られたのかは，直接お聞きしたことがないのでわかりません。

同一労働同一賃金ガイドラインの法的位置付け

（📖 383頁〜）

同一労働同一賃金のガイドラインの法源としての位置付けについて確認させていただきたいと思います。同じ「ガイドライン」という名称でも，テレワークガイドラインなどと異なり，同一労働同一賃金ガイドラインは，法源として非常に重いものと思います。今回の働き方改革関連法の成立前から，法改正の方向を示すものとして先行して定められたものです。同一労働同一賃金ガイドラインと異なる判決なり取扱いなどは基本的には認められない，よほどの合理的な理由・個別の事情がない限りはガイドラインが法源として尊重される，そのように理解して差し支えありませんか。それとも，具体的な事例が積み重なる中で，同一労働同一賃金ガイドラインと異なる取扱いが一般化することもあり得るのでしょうか。

同一労働同一賃金ガイドラインは，パート有期法の規定（15条１項）に基づいて厚生労働大臣が定めた指針ですので，政府提出法案であった同法の趣旨に沿って同法８条等の解釈を示したものとして，法的に重要な意味をもつものであることは間違いありません（法律規定に基づいた指針であり，一般的な通達より法的に重いものです）。しかし，裁判所の判断を拘束するものではない点は他の「指針」と同様です。その意味では，このガイドラインが今後どのように発展していくかは，今後の裁判例（パート有期法施行後の裁判例）の積み重ね（実際に裁判所がこのガイドラインを踏まえた判断を行うか否か）によることになります。

不合理性判断における正社員登用制度の考慮

（📖 390頁～）

非正規労働者の処遇が不合理か否かについて，「正社員登用制度が整備されており，この制度がきちんと機能していた」ことが不合理性判断の1つの要素になろうかと思いますが，その正社員登用制度が機能していたと言えるには，結果としてどのくらいの人数（割合）が正社員になっていることが必要となるのでしょうか。制度があっても形だけで，正社員になった実績はほとんどないというのは論外として，会社側から見たとき，多くの人がこの人は有期雇用労働者だが優秀な人材だなと思う人を（稀に）登用する程度では機能しているとは言えないと思いますし，登用志願者の50%程度は登用しないと「機能している」とは言えないような気がしますが，現状ではどのような判断がなされているのでしょうか。

正社員登用制度の存在は，当該待遇の性質・目的に照らした判断というより，補充的な考慮要素として判断に入れられており，その場合でも形式だけのものでは考慮に入れられないので，ある程度実質的に機能していることが求められているところです（そういう意味で程度問題となっていますが，明確な要求水準があるわけではありません）（📖 372頁参照）。

もっとも，正社員登用制度が存在して機能していることをどれだけ考慮してよいかについては一考を要します。そもそも，フルタイムでは働きたくない（働けない）という人について，正社員登用制度の存在から待遇格差は不合理ではないと判断することは，いやならフルタイムや正社員として働け（正社員になりたくなければ格差は我慢しろ）ということを間接的に強いることにもつながりかねず，短時間や有期という働き方であっても公正な待遇を実現しようとする改正法の趣旨に沿わない解釈になるおそれがあります。

したがって，正社員登用制度の存在を万能視しないように気を付けたほうがよいのではないかと思います。

時給・日給制の短時間有期社員についての「休日」の取扱い

（📖 390頁～）

夏期冬期休暇に関する相違の不合理について，これは「休暇」（労働日の労働を免除）についての取扱いの違いなので不合理となりますが，就業規則で定める「休日」であった場合は月給者も時給者も等しく労働日ではないため，有給の論点は生まれないと理解しています。この解釈で合っていますでしょうか。

「休日」の場合は，まさに月給制と時給・日給制という賃金の定め方の相違（休日の多寡にかかわらず月給として安定した賃金を保障する賃金の定め方と休日には賃金を支給しないため休日が多いと賃金総額が低くなってしまう定め方の違い）の不合理性の問題になります。この点については，最高裁はまだ何も言っていませんが，日本郵便（佐賀）事件の福岡高裁判決（平成30・5・24労経速2352号３頁）が，本件契約社員の労働日や労働時間は正社員と違い変動するから，時給制で基本給を設定し計算することは不合理でないと判示しています。このことからすると，正社員と違って所定労働日や所定労働時間が変動する短時間・有期雇用社員については時間給として休日に賃金を支給しないことは不合理でないということになりますが，逆に，所定労働日や所定労働日数が正社員と同じで変動しない契約社員等について時間給制とすることは不合理と判断される可能性があるかもしれません（逆は必ずしも真ならずなので，論理的に当然そういう帰結になるわけではありませんが）。今後に残された課題です。

70 「2年11か月」神話の根拠

（📖 409頁～）

メーカーにおいては，特に製造現場の期間社員の契約上限期間を「2年11か月」としている企業が多くあります。振り返ると，2004年製造業派遣解禁（1年），2006年偽装請負問題表面化（キヤノン，日立，松下プラズマディスプレイ等），2007年製造業派遣（3年），2008年リーマンショック（派遣契約解除，雇止め），2009年製造業派遣「2009年問題」（2007年から3年目＝クーリングまたは直接雇用申込義務）といった経緯の中で派遣上限の「3年」がキーワードになったのかと想像しています。また，少なくとも「反復更新」（労契法19条1号）では負けたくないという当時の労務担当に共通の相場観のようなもの（○か月×△回までなら大丈夫そう）が，上記「3年」とリンクしたようにも思います。そして各社に広まった実質的な理由は，トヨタが2年11か月で運用しているということだったように思います。結局のところ，2年11か月と決めた理論的な根拠はよくわからないままなのですが，こじつけでも，法律面・政策面からの根拠めいたものは何か存在するのでしょうか。

さらに，「2年11か月」が定着した後に「無期転換権」（労契法18条）が導入されましたが，2年11か月の運用を説明・合意，契約締結，更新時面談・更新手続など労契法19条に抵触しないように着実に手続を踏んでいれば基本的には問題は生じないし，5年を目前にしての契約更新で突然上限規定を挿入するよりは健全であると思います。いかがでしょうか。

法律や政策として2年11か月を裏付ける根拠はなく，やはりトヨタ自動車さんの運用が社会的な波及力をもったことに，その実際の理由があると思います。この2年11か月は100％安全な橋というわけではありませんが，今になって現実的に考えると，雇止め法理（労契法19条）の「合理的な期待」の有無を判断する際の1つのラインとなったり，雇止めか継続雇用（無期転換）かを判断する人事労務管理上の有効なラインとなっていると言えるかもしれません。ちなみに，ある私が知っている大きな法人では，1年目・2年目・3年目のいずれの時点でも現場の判断で無期転換してよいとし，3年を超える有期雇用はしない，という方針の下，最終的には3年目の時点で無期転換か雇止めかを決める，という制度にしています。

派遣の労使協定方式について

（📖 445頁～）

派遣元が労使協定方式を採用するにあたり，過半数代表者の適切な選出手続については，以下のような形ですることが厚労省からリーフレットで示されています（https://www.mhlw.go.jp/content/000685451.pdf）。

「返信がなかった人を『信任』したものとみなすことについて

派遣労働者を含む全ての労働者に対してメールで通知を行い，そのメールに対する返信のない人を信任（賛成）したものとみなす方法は，一般的には，労働者の過半数が選任を支持していることが必ずしも明確にならないものと考えられます。労働者の過半数が選任を支持しているかどうかを確認するために，電話や訪問などにより，直接労働者の意見を確認するようにしましょう。」

一方で，労基法で求められている過半数代表者選出にあたっては，このような投票形式まで求められていないと思いますが，なぜ，ここまで求められているのでしょうか。

あわせて，この考えは，今後，労基法で求められている過半数代表者選出にも求められるのでしょうか。

派遣労働者の場合は，働いている場所がバラバラなので，職場で会議を開いて過半数代表を選出しましょうという方法が難しいときに，メールを送信して返信がないから賛成したとする手続は，やはり民主的な選出手続になってないという解釈が厚生労働省から示されているのだと思います。考え方としては，労基法上の一般的な過半数代表者についても，挙手とか持ち回りという方法でも不可ではないのだけれど，その場合にも積極的な意思を確認することが求められていて，「何にも言わなきゃ賛成ですよ」という方法は認められないのではないかと思います。派遣労働者の場合は，メール等を通じて過半数代表者の選出を行わなければいけないことが少なくないので，確認的にこういう説明がなされていて，基本的には労基法の一般的な過半数代表者の選出についても同じことが妥当するのではないかと思います。

72 ★★★ 労働契約申込みなしについて

（📖 457頁～）

労働法では，契約と実態が違う場合には，実態を重視し，それに合わせるものと認識しています。派遣の労働契約申込みみなし制度については，制裁の意味合いが大きいとは思いますが，実態を通り越し，直接雇用とするという意味で，少し違和感を覚えます。また，善意無過失の判断も絡むため，実務上も取扱いが難しい印象です。この点について，先生はどのような見解をお持ちでしょうか。

法律上，一定の要件を満たした場合に，労働契約を直接締結することを強制する条文ですが，この点は，無期転換（労契法18条）や雇止め法理（同19条）でも労働契約の締結を強制するという点で共通の性格をもっています。また，直接労働契約の締結を強制しているわけではないけれども，障害者雇用促進法の法定雇用率は法定雇用率だけ労働契約を結んでいない場合にはお金の納付を義務付けるという点で，契約締結の自由に制約を加えるものになっています。使用者の契約締結の自由は，憲法22条の職業選択の自由，経営の自由によって保障されている自由なのに，なぜ契約を締結したくない使用者に契約の締結を強制できるのかという憲法上の議論もありますが，基本的には，労働者側にも勤労権や生存権があって，両者の法律政策上の調整の問題といえるかもしれません（憲法上の議論については，📖472頁以下・480頁参照）。その中でも，労働者派遣に関する労働契約申込みみなしについては，派遣先にとってこれまで直接雇用してきた労働者ではないけれども派遣先で指揮命令をして派遣先の事業のために働いてもらっていた労働者であり，派遣先に違法派遣であることについて故意・過失があったことが要件とされていることからすると，労働者への勤労権保障も考慮し，使用者の契約自由の原則に対する合理的な制約と言えるのではないかと思います。最近では，使用者に労働契約の締結を強制する法律規定も増えてきていて，使用者の契約締結の自由も絶対的なものではなく，他の権利・利益とのバランスの関係で相対化してきているように思います。

11 労働関係の成立

障害者の採用時について

（📖 478頁～）

障害者を採用するにあたって，企業としては合理的な配慮を講じなければならないため，採用面接時に，外観では判別困難な障害を有しているかどうかを求職者に聞くことに一定の必要性はあると考えますが，それを質問したことで，かえって差別を促進するおそれもあると思います。採用面接時に，「障害を何かお持ちですか？あるいは過去に発症されましたか？」と直接聞くことは，相当ではないと思うものの，企業としてはどこまで求職者に聞いて問題ないのか，アドバイスをいただければと思います。

障害者雇用促進法で，募集・採用時にも障害者への差別が禁止され，合理的配慮をしなければいけないと規定されていて，障害をもっている方が合理的配慮を求めた場合には，募集・採用時から合理的配慮を講じることが使用者に義務付けられています。ただし，合理的配慮を講じる前提として，募集・採用時については，本人の申告があったときに適用されるので，逆に本人の申告がないのに，障害の有無について，職務と直接具体的に関連しないことについてまで情報の取得をしようとすることは，厚生労働省の行動指針にも書いてあるように望ましくないことだと思います。障害者雇用促進法の合理的配慮の要請にも反しないよう，本人からの申告があったら，障害の状況に応じた合理的配慮をしてください。

＜参考＞テキスト479頁
　2000（平成12）年12月20日「労働者の個人情報保護に関する行動指針」原則として，①人種，民族，社会的身分，門地，本籍，出生地その他社会的差別の原因となるおそれのある事項，②思想，信条，信仰，③労働組合への加入，労働組合活動に関する個人情報，④医療上の個人情報を収集してはならないとして，調査事項に重要な限定を加えている。

「合理的配慮」の提供

障害のある人は、社会の中にあるバリアによって生活しづらい場合があります。この法律では、役所や事業者に対して、障害のある人から、社会の中にあるバリアを取り除くために何らかの対応を必要としているとの意思が伝えられたとき(※)に、負担が重すぎない範囲で対応すること（事業者においては、対応に努めること）を求めています。

※ 言語（手話を含む。）、点字、拡大文字、筆談、実物を示すことや身振りなどのサインによる合図、触覚など様々な手段により意思が伝えられることをいいます。通訳や障害のある人の家族、支援者、介助者、法定代理人など、障害のある人のコミュニケーションを支援する人のサポートにより本人の意思が伝えられることも含まれます。

＜画像引用＞内閣府「障害者差別解消法リーフレット」抜粋

74 犯罪歴をネットで検索することは許されるのか

Labor and Employment Law
★★

（📖 478頁～）

　個人情報保護法によって同意なく取得してはいけないとされている「犯罪歴」について，「不正な手段で取得する」とはどのような手段を指すのでしょうか。採用にあたって，応募者の氏名をネット検索することで犯罪歴などにヒットしないか確認することがあると思うのですが，これは問題があるのでしょうか。

個人情報保護法では，犯罪歴は「要配慮個人情報」と呼ばれるセンシティブ情報に位置付けられているので，単に不正な手段で取得してはいけないというだけでなく，基本的には本人の同意がなければ取得してはならないとされています（📖 309頁）。本人の同意なく勝手に検索をして犯罪歴があったという情報を取得することは，法律に基づく例外に該当しない限り，個人情報保護法違反になります。本人の同意を得ることなく，勝手に検索等をして犯罪歴を取得することは個人情報保護法違反になることを改めて認識しておいてください。

75 ★★★ 前歴詐称を理由とした懲戒解雇について

（📖 478頁）

テキストの478頁の注20の東光電気大崎工場事件では，結論として前科の秘匿（前歴詐称）を理由とする本件懲戒解雇は権利の濫用として無効と判断されていますが，この事件では労働者が長期間（６年間）会社の経営に寄与したことが影響を及ぼしたと思います。この事件と異なり，雇入れから間もない時期の前歴詐称を理由とする懲戒解雇であれば，権利の濫用と判断されない可能性は高くなるのでしょうか。

犯罪歴というのは，昔は考慮してよいと言われていましたし，個人情報保護法がないときには，普通に調べていた時代もあります。しかし最近は個人情報保護法で，本人同意がないと取得してはいけないということになって，仮に本人の同意を得るなどして適法に取得した場合に，職務との関連性で犯罪歴が解雇の相当性，権利濫用性に影響を与えるかどうかが問題になります。犯罪の内容にもよりますが，過去の犯罪歴によって労働能力が否定され解雇が相当と認められるというのはかなり例外的な場合に限られるのではないかと思います。

これとは別に，履歴書の中で，「犯罪歴がある場合はきちんと懲罰のところに書いてください」と説明していて，そこに書いていなかった場合に経歴詐称として懲戒事由になるかという問題があり，個人情報保護法がなかった時代には，経歴詐称として信頼関係を喪失させ懲戒解雇も適法であるという判断がなされたこともあったのですが（📖 610頁），今は個人情報保護法で，基本的には本人の同意がなければ犯罪歴という情報を取得してはいけないということになっていますので，この点でも判断のステージが少し変わってきている，つまり，犯罪歴の取得に同意しない自由が本人にある中で，本人が犯罪歴を申告しなかった，秘匿していたことが懲戒事由に当たると判断することは難しくなっているのではないかと思います。

76 ★★ 契約締結自由の例外について

（📖 480頁）

有期の契約社員が無期転換権を行使しても，正社員ではなく，無期の契約社員になることは，確かに有期という不安定な立場から脱するということの意義はあるかと思いますが，実質的な格差・根本的な問題は解消されないのではないかと思います。なぜ正社員に転換するという風に定めなかったのでしょうか。

無期転換の時に，有期から無期契約になるだけではなくて，待遇も正社員待遇になりますという風にすると，これは転換のハードルがすごく高くなりすぎて，労契法18条を使わずにみんな５年で雇止めをするという副作用が大きすぎるということも考えられたので，まずは，契約の内容や労働条件は変えないで有期契約を無期契約にする，雇用の安定を優先して，有期から無期に変えるということを優先的に進めて，待遇については，それぞれの会社で実態に応じて考えてもらって，場合によっては解釈としてパート有期法８条の趣旨に基づいて，実態に応じた待遇改善を促していこうという政策的な選択肢がとられたと言えます。まずは有期から無期に転換して雇用の安定を図るために労契法18条のハードルを低くしてその利用を優先させようということでこういう制度設計になっていますが，次なる政策的な課題としては，この無期転換の期間が５年でいいのか，待遇改善を実効的に進めるにはどうしたらよいかという点が考えられるかもしれません。

＜ポイント＞テキスト480頁
契約締結自由の例外について

契約の締結を強制できる法律

○労契法18条（有期労働契約から無期労働契約への転換）
○労契法19条（雇止めが違法な場合の有期労働契約の更新）
○労働者派遣法40条の６（派遣先に対する申込みみなし）

間接的に制約する法律

○障害者雇用促進法（法定雇用率で何人雇うか決められている）
○高年齢者雇用安定法（本人の希望で65歳まで雇用）

労基則の改正について

（📖 485頁）

審議過程で，「多様な正社員の労働契約関係の明確化に関する検討会」は，「労働条件の変更時も15条明示の対象とすることが適当」としていましたが，審議会の報告書になると，「労働契約法第４条の趣旨を踏まえて，（略）労働契約の内容の変更のタイミングで，契約締結時に書面で明示することとされている事項については，変更の内容をできる限り書面等により明示するよう促していくことが適当」，「労働基準法の労働条件明示のタイミングに，労働条件の変更時を追加することを引き続き検討することが適当」と一歩後退しました。
これは次期改正で抜本改正を行うという理解でよろしいでしょうか。

おっしゃるように，今回（2024年４月１日施行）の労基則の改正は，実は検討会報告書では，実際に変更した時にその都度明示するという内容になっていたんですが，審議会に入って最終的に契約締結時に将来の変更の範囲まで明示し，実際に変更するときの明示は今後の検討課題となって，一歩トーンダウンしてるんですよ。次の改正で本当にペンディングになった部分が改正されるのか，それともその時点でも検討課題にとどまって実現しないのかは，現時点ではわかりません。

78 労働条件の明示について

（📖 485頁）

2024年４月から労働条件の明示のルールが変わりましたが，更新上限をあらかじめ明示することで，労働者側が契約締結せざるを得ない劣位な立場にいる点に鑑みると，かえって，本ルールは使用者側が無期転換させないようにする（例えば無期転換にならないように通算契約期間が５年を超えないように設定する）正当性の根拠を与えている気もします。厚生労働省のパンフレット内のQAでは，更新上限の制度が契約締結後に変わった場合は，「事前説明が必要」としていますが，契約締結時点では，そこまで求められておらず「検討してください」という文言にとどまっているのはなぜでしょうか。

後者の更新上限制度が契約締結後に変わった場合については，雇止め法理で雇用継続の期待が発生するかどうかとの関係で，途中で更新上限を変えたり設定したりするのは労働者の期待に背くことになるので，ちゃんと事前に説明してくださいというコンテクストです。

その前のところで，労働条件の明示事項として，ここからは無期転換権が発生して，無期転換後の労働条件はこうなります，ということを使用者に明示させる。これまでは，無期転換権が法律上発生しているという事実を知らなくて有期契約にとどまっている人が山ほどいたわけです。その中で，無期転換権の発生を使用者が明示することを義務付けることで，５年で雇止めされるという副作用が出る可能性は確かにありますし，それを懸念する声もあります。これは，労契法18条を制定するときにもあった懸念です。その副作用の大きさと，無期転換して雇用の安定性を少しでも前進させようという目的との間で，どちらを優先するかという政策判断として，現在の人手不足基調の中で，無期転換している労働者が予想よりも多くて，同時に，労契法18条の周知が不十分なのか，無期転換の制度を知らないという労働者が沢山いて，会社もよく認識していないところもあるので，ここでは，無期転換権の存在をきちんと認識させて，無期転換制度をもう一歩前進させるために，このような政策決定をしたという背景があります。もちろん副作用が出る可能性はありますので，これをどう小さくしてくかという点も，あわせて課題になっています。

事前研修についての契約と就業規則

（📖 497頁～）

10月に内定，４月に就労開始となる会社で，仮に２月に事前研修を１週間実施するという場合（原則強制），期間限定の労働契約書（特別の賃金など）を締結することが考えられます。この場合，就業規則との関係はどう考えればよいでしょうか。上位の規範である４月以降の就業規則が適用（または類推）されてしまうのか。あるいは期間限定用の就業規則を別に定める必要がありますか。

実際に労働契約が成立し就労が行われている以上，厳密に言えば，適用されるべき就業規則がないと労基法89条違反になります。どの就業規則が適用されるかは契約の解釈（当事者意思）になりますが，事前研修のための別の就業規則を作るのは大変なので，通常の就業規則のなかに特別規定を設ける（採用内定とか試用期間についての規定と同じように）というのが現実的かもしれません。

就活ハラスメントについて

（📖 500頁）

就活ハラスメントは，雇用関係に入る前に起きる問題であるため，企業との雇用契約が締結されるという地位確認は認められないと思いますが，不法行為責任（使用者責任）のみならず，採用されるかどうかわからない中でも契約締結上の過失が認められ企業に契約責任が問われ得るものなのでしょうか。

契約締結上の過失と言っていますが，これは契約がまだ成立していない段階なので，契約責任ではありません。契約締結上の過失というのは，信義則に基づく不法行為責任なので，契約が成立した債務不履行責任はまだ発生していない，不法行為責任としての損害賠償責任が課されます。不法行為に当たる就活ハラスメントについては，加害者の不法行為責任（民法709条）とともに，加害者が従業員であった場合には使用者としての不法行為責任（同715条）も認められることになるでしょう。

有期労働契約と試用期間について

（📖 507頁〜）

「労働者の適格性を判断する目的で有期労働契約を締結し，期間満了により契約を終了させる場合」という記載がありますが，言い換えると，「適格性がないので辞めてもらいたいので，その理由を『期間満了だから終了させる』という」意味で，「適格性がないことを率直に言わない」ということでしょうか。

その趣旨については，適格性を判定する期間として有期契約を結んでいて，これは有期契約なんだと言いたい場合には，例えば「1年間の有期契約を結んでいます」，「1年間で適格性を判断して，1年契約はその1年で明確に終了します」，「契約が明確に終了した後，新しい契約を結ぶかどうかは，1年間で観察した結果等を踏まえて，改めて決定します」ということを相手方である労働者に明確に説明することが必要で，相手方がそういう契約内容をきちんと理解したうえで1年の有期契約で雇用されるということを認識して契約を締結していることが必要になります。試用期間として何もなければそのまま本採用されるという状態で契約を結んでいるのか，そういう期待の下に契約（試用期間付きの無期契約）を結んでいるのか，1年間は本当に有期契約で，次の契約が結ばれるかどうかはわからないという説明をきちんと受けたうえで，両者間で有期労働契約が締結されたのかという具体的な事情が重要になります。本当は試用期間の目的で雇用していたのに，有期契約だから期間満了で終了するとだけしか使用者が言わないとすれば，おっしゃるように「適格性がなかった」という説明を省略するために有期契約という形式を利用したとも言え，こういう使用者の目的や背景事情は，当該契約の性質を試用期間付きの無期契約と認定する根拠事実の1つになるかもしれません。

82 ★★★ 試用期間の判例について

（📖 508頁）

当事者が有期雇用の意思である場合でも，神戸弘陵学園判決を厳密に当てはめると，当該期間が試用期間と解されることになり，当事者の意思に反することにならないでしょうか。また，福原学園判決は，神戸弘陵学園判決の方向性を修正したものと理解できないでしょうか。

実は学説でも理解が分かれていて，福原学園事件判決（📖 508頁・注123）は神戸弘陵学園事件判決（📖 508頁・注122）を修正して，もう神戸弘陵学園事件判決の意義はなくなったのだという解釈をしている学説もあります。私は，２つの事件はそれぞれ事案が違っていて，神戸弘陵学園事件判決みたいな判断をすべき事案もあるし，福原学園事件判決みたいな判断をすべき事案もあって，これらの判決は実態の違いに応じた契約解釈をそれぞれ行っているのではないかと理解しています。

当事者の意思と契約の性質決定のずれをどう理解するかですが，強行法規の適用にかかわる契約の性質決定を行う場合には，単に当事者の意思ではなく客観的な実態に基づいて性質決定を行うことが基本になります。そうしないと，当事者の主観的な意思によって強行法規の適用が容易に潜脱されることになるからです。これらの事件では，例えば解雇権濫用法理という強行法規（労契法16条）を適用するか否かにかかわる契約の性質決定をしているため，当事者の意思や形式によらず，実態に基づいて性質決定をすることが重要になっています。

12 教育訓練

83 社会人大学院に通いたいとの希望に応える義務はあるか

★★

（📖 514頁～）

従業員から「社会人大学院に通いたいので特定の曜日の残業を免除してください」との希望があった場合，企業にはそれに応える義務があるのでしょうか。働き盛りの20代・30代の従業員だと，特定曜日に一律に残業を免除するのは業務上難しい場合もあります。

確かに，就業規則や労働契約上，教育訓練に関する具体的な規定がない場合には，労働契約上の権利として労働者に教育訓練を受ける権利を認めるのは困難であるという解釈が一般的だと思います（📖 515頁・注14）。しかし，このご質問については，所定労働時間外の自由な時間に教育訓練を受けたいというものであり，使用者の時間外労働命令権（就業規則等に根拠規定がある場合その範囲内での権限）と労働者の私生活の自由（その時間を利用したキャリア形成の利益）との抵触が法的には問題になり得ます（📖 730頁～）。「学び直し」や「リスキリング」の社会的な重要性が高まっていることも踏まえて，企業としても従業員の自由や利益との調整を図る努力と話合いを尽くしていくべきではないかと思います。

キャリア形成と配転

（📖 515頁）

労働者のキャリアの形成の利益を損なう配置転換が権利の濫用となり得る（📖 515頁）とありますが，雇用契約において職務無限定であるとき，事業戦略上の必要性から全くの新規事業において，これまで想定していなかったような職務に配転命令を行う場合，マネジメント層への登用など長期的なキャリア形成の観点からはその必要性は説明できると思うのですが，本人がそのようなキャリアを望んでいるか，ということまで配慮が必要でしょうか。

これは，業務上の必要性と労働者の被る不利益のバランスの問題になります。業務上の必要性が一定程度ある場合に，労働者がどれくらい不利益を被るのか，基本給が下がってなければ基本給上の不利益はそんなにありませんが，最近はキャリア形成の利益に注目が集まっていて，例えば資格をもって長年そのキャリアを培ってきたのに，そのキャリアを全く生かせない仕事に就かせる場合には，これはキャリア形成という観点から労働者にとって大きな不利益だとする裁判例が増えてきています。この点でこれまで問題になってきたのは，長年培ってきたキャリアが生かせない職務に配置された（例えば，専門的な技術者から倉庫係の肉体労働への配転）という例が多く，逆にマネジメントへの登用などキャリアを伸ばす方向での配転のときにはその不利益はさほど問題にならないように思います。いずれにしても，労働者が希望しているかいないかは大切なポイントとなりますので，労働者が希望していない場合にはきちんと話し合って納得を得るというプロセスも大切になってくるかもしれません。

13 昇進・昇格・降格

85 ★★★ ジョブ型と昇降給について

（📖 517頁～）

国は，ジョブ型雇用の導入を推奨していますが，若手や専門性を有する人にはチャンスが広がるとは思う一方，すでに勤務している中堅以上の社員からすると能力が上がることをベースとした賃金体系で過ごしてきたため，紋切り型に導入するとドラスティックな昇降給が発生することが懸念されハレーションも大きいと考えています。会社としてジョブ型を導入するにあたっては，背景にある人口減少といったような大きな問題解決を図るための施策だということは何となく理解できるものの，現場に落とし込むにあたっては，どういった点に気を付けて対応するべきでしょうか。

今まさに，ジョブ型・職務給を導入しようとしている企業が増えています。その導入時に何をしようとしているかというと，職能給から職務給に移行してくときに，企業内での過去の経験・能力の蓄積という年功的な部分をなくして，その時点で従事している職務の価値に値札を付けて，それを基本給（職務給）としています。勤続年数が10年か20年か30年かにかかわらず，今行っている職務についてどういう価値の仕事をしているかで基本給が決まるので，例えば，年功賃金で年功的部分が大きかった40代や50代の人が，その年功部分に見合うような職務価値の仕事をしていない場合には，基本給が下がることになる，そういう問題が実際に出てきているところです。

とはいえ，人手不足下での国際競争の中で，良い人材に来てもらって定着し活躍してもらうには，外部労働市場とリンクした職務価値で測る賃金制度としての職務給に移行していかざるを得ないという認識の企業が増えており，その導入の際には，新制度のメリット・デメリットをきちんと説明したうえで，導入時にはなるべく平行移動してドラスティックな賃金引下げはしない，その後毎年，職務給の額を改定していく中で基本給が下がる人が出てきたときには激変緩和のために２～３年間調整給を支給して，ソフトランディングを図るといった努力がなされています。

新しい資本主義実現会議三位一体労働市場改革分科会で，この職務給導入の事例集をまとめて公表することになっていますので，参考にしてみてください。

人事評価制度の目標設定・自己評価について

（📖 520頁）

人事評価制度の構築支援をしています。使用者の公正・適正査定の肯定的な要素として，労働者の関与の例示に，目標設定・自己評価があげられていました（📖 520頁）。

目標設定については，本人の納得性を高めるために上司と協議のうえ決定するという手続をとり，期末の自己評価はさせず，その代わりに期中の観察シートの作成や月次の面談などで，本人からの申告，上司からのフィードバックの機会を増やそうとしています。

このような手続を経ることで，公正・適正査定の要件にプラスに働くと考えますが，他に何か具体的な例があればご教示ください。

成果給もそうですし，これからの職務給もそうですが，具体的にどういう成果をあげたとか，どういう価値の職務をしてるかで，基本給が客観的な評価とダイレクトに結びつくようになる場合には，評価の重要性が非常に高くなります。その中で，目標設定・自己評価という方法がこれまでもとられてきましたが，最近の傾向としては，目標設定をして最後に自己評価するよりも，常日頃から日常的にプロセスとしてのコミュニケーションを行っていく，ラインでフィードバックをしたり，One on One ミーティングをして上司と密にコミュニケーションをとったりして，プロセスとしての公正さ・適正さを担保するという動きが見られるようになってきています。ここで質問者さんが紹介されている取組みは，最近の日常的なコミュニケーションによる公正さの担保の例と言えますし，最先端の動きと言っていいかもしれません。この個別のコミュニケーションに加えて，労働組合等との集団的・制度的なコミュニケーションをあわせて行うと，多層的なコミュニケーションモデルとして，より公正さや納得度が高まるのではないかと思います。

87 ★★★ 職能給は降格できるのか

（📖 524頁～）

職能資格制度の下では，労働者の職能資格等級を低下させることは，賃金の低下を伴う労働契約上の地位の変更と解されるため，労働者の同意や就業規則の合理的規定など，契約上の根拠が必要と考えられます。私は，職能資格制度を採用している会社の就業規則を作成する場合，懲戒規定からは「降格」を外しているのですが，それは正しい判断でしょうか。他方で，職務等級制度を採用している場合においても，懲戒事由と職務は連動しないので，やはり懲戒による「降格」は難しいと思うのですが，いかがでしょうか。

職能資格というのは過去の経験・能力の蓄積だから基本的に下がるという想定ではない，仮に懲戒で企業秩序違反行為をしたからといって，その経験と能力の蓄積が下がるわけではないから，懲戒の種別として降格は入れずに，降格以外でサンクションを科しているというご説明だと思います。また，職務等級は職務の評価によるものだから，これも企業秩序違反行為とは直接関係するわけではないというお考えですね。この考え方は，一方で筋が通っていると思います。もっとも他方で，企業秩序違反行為があった場合の罰の１つとして，どういう罰があり得るかというときに，例えば，減給処分，停職処分の次になると，諭旨解雇や懲戒解雇になってしまうのか。辞めさせるくらいだったら，降格という罰もその前に入れてはいけないのかという選択，位置付けの問題で，今の日本の法解釈上は，降格というサンクションも選択肢の１つとして認められています。筋を通してみれば，確かに理論的にはおっしゃる通りですし，経験・能力が下がっていないのに経験・能力の指標を下げる降格を行うのは筋があまりよくないと言われればそうかもしれないですね。

懲戒と査定の関係について

（📖 528頁）

ある会社の人事評価では，業績，行動，情意の評価要素にて査定を行った後に，加点・減点を行っており，その減点の事由の１つに「懲戒処分を受けたこと」があります。常に減点を行うのではなく，そのことが本人の職責に対しての適性としてマイナスであるときに経営層の判断によって減点できるという運用ですが，問題があるようでしたらご指摘ください。

悪いこと，企業秩序を乱す行為をしたことに制裁罰を与える懲戒と，人事上の査定・評価に基づく人事上の措置とは，一般的には，質的に異なるものといえます。しかし，例えば上司が部下にハラスメントをしたという行為は，企業秩序違反でありつつ，同時に，上司としての適性を欠くというので人事評価上マイナス評価になり得ます。このように，懲戒処分と人事措置は，質的には区別されていますが，実際には両者が重なる部分もあります。１つの行為が企業秩序違反で懲戒の対象になり，同時に人事上の能力・適性評価でもマイナスになるということがあり得るわけです。

一般に，１つの行為に対して二重のサンクションを課すことは罪刑法定主義類似の観点から二重処罰の禁止に抵触することになりますが，この２つの側面の違いをよく理解し，それぞれの観点から適正に判断・評価されている場合には，二重処罰にはならないことになります。例えば，最高裁のＬ館事件判決（📖528頁・注33）でそのような判断がなされています。

14 配転・出向・転籍

会社側の経営判断と裁判所の合理性・相当性判断

（📖 532頁～）

契約上限定された業務が当該企業において廃止されることとなり，他の職種への配転が必要となった場合，この配転を有効に成立させるには，労働者への誠意ある事情説明，同意の働きかけをしつつ，解雇回避努力を行うことが会社として必要であり，この対応如何で，仮に結果として解雇となり争いになった場合の解雇権濫用法理の合理性・相当性の判断に影響がある旨お話をいただきました。そもそもここで，業務廃止自体の理由や必要性といったことにまで遡って，解雇権濫用法理の合理性・相当性の判断に影響を及ぼすといったことはあるのでしょうか。会社内でどのような業務を存続させ廃止するかは会社側に決定権があり，そのこと自体については争われることはないと思うのですが，いかがでしょうか。また，業務だけでなく契約上限定された就業場所が廃止，閉鎖されることもあると思いますが，そもそもこの就業場所の廃止，閉鎖自体の合理性や相当性が，解雇権濫用法理の解雇の合理性・相当性に影響することはあるのでしょうか。

職務の廃止や勤務場所（事業所）の廃止，さらには人員削減の決定自体（解雇するかどうかは別にして）は経営判断であり，基本的に裁判所が介入すべき問題ではないと言えます。経営責任は経営者にしかとれない性質のものですし。裁判所も，一方では，この点には深入りしないという判断を基本的にはしていると言えますが，他方で，会社の経営判断の説明に一貫性がないと思った場合にはこの点でも合理性を欠くという判断がなされることがあります。例えば，人員削減をするという判断・決定をしつつ，解雇と同時に新規採用をしているなど，辻褄の合わないことをしていると裁判所が判断した場合です。職務を廃止しつつ似たような職務を新設するとか，事業所を廃止しつつすぐ近くに新しい事業所を設ける（そこには異動させないで解雇する）といった場合にも，経営判断の妥当性（そのような経営判断に基づいて解雇したことの合理性・相当性）が問われることになるかもしれません。

ジョブ型雇用と配置転換

（📖 532頁～）

ジョブ型雇用を推進すると，当該職務を重視する傾向となり，異なる職務に配置転換させることは今以上に難しくなる気がしますが，そのあたりは諸外国も含めてどう対応しているのでしょうか。

ジョブ型雇用を進めると職務を重視して異なる職務に配置転換することは難しくなる，その通りです。ジョブを変えようとする場合には，契約の職務記述書（ジョブディスクリプション）を定めた内容を書き直す，書き直す時には新たな契約なので，新たな同意を得られれば職務内容は変わるけれども，就業規則の包括的規定で業務上の必要性に基づいて配転するというようなことはジョブ型では基本的には想定されていません。ただし，契約上の措置は別にして，アメリカでもヨーロッパでもジョブのブロードバンド化とか，ダブルジョブ，マルチジョブ制度が出てきていて，大学や専門学校で勉強してきた専門性の高いジョブで，30年，40年ずっと生きていけるかというと，アメリカでもヨーロッパでもそういう世界ではなくなっているので，ジョブは少し広めに定義しましょうという意味で，ジョブのブロードバンド化が進んでいたり，ヨーロッパでは，１つのジョブだとすぐ陳腐化してしまうので，複数のジョブをマスターして，複数のジョブを視野に入れながらキャリアを展開していこうという動きが出てきています。大きな傾向としては，ジョブの範囲が欧米諸国では広くなってきて，日本では専門性の高いものにジョブの範囲を狭めていきましょうという動きが見られていて，欧米と日本がだんだん接近している状況にあるとも言えます。グローバル化が進んで国境を越えて市場が展開されるようになれば，最終的には両者がだんだん接近していくのではないかと思います。

配転とキャリア形成について

（📖 538頁～）

今後，ジョブ型雇用が重視されるようになる中で，人事権に占める配置転換権の効力が弱まる可能性はあるのでしょうか。例えば，雇用契約において職種限定があったとは認められない事例で，社会保険労務士資格を有して入社した労働者が人事部に配属された事例で，当該部門でそれなりに経験・能力を発揮していた場合，仮に就業規則に基づき他部門への配転命令を下された場合，本人の能力・計画を生かすことができない業務に配転したことは，当該労働者に通常甘受すべき程度を著しく超える不利益を超えるものとして権利濫用になるのでしょうか。

社会保険労務士として企業内の人事部門で活躍していて，急に倉庫係に回されたら，これはキャリア形成の利益を阻害するということで，著しい不利益として権利濫用になる可能性があるという点は，運行管理者のケースと似ているかもしれません。職務限定の合意までは認められないケースでも，権利濫用の判断の中で，キャリア形成の利益を考慮する裁判例が最近は増えていて，安藤運輸事件判決（📖 539頁・注58）との比較で考えれば，倉庫係に配転させられたら権利の濫用と言えるかもしれませんが，経理部とか営業部への配転であれば社会保険労務士資格と間接的にかかわっているかもしれないという点で，事案によって不利益の大きさを判断することになると思います。ただし，こういうキャリア形成の利益を尊重しようという裁判官の判断，通常甘受すべき程度の不利益どうかのラインの引き方も，時代とともに変わりつつあると言えるでしょう。

92 ★★★ コロナ禍における出向について

（📖 542頁～）

コロナ禍で出向に関して緊急避難的な柔軟な解釈がとられていましたが，その中でも，例えば，在籍出向の形で出向元から派遣会社に出向させ受入れ企業で就業してもらうケースもあり，そうなると終局的には「業」としている派遣を通じて出向元が収益を上げているように見えるケースもあり相当グレーな気もしています。このように，出向先が，出向者を派遣させることにつき，①そもそも可能なのか，②不可であったとしてもコロナ禍という緊急事態下だったから許されたのか，ご教示いただければと思います。

こういう実態って本当にあったのでしょうか。派遣会社に出向して，派遣会社から派遣するというのは，これは派遣・派遣だと二重派遣でダメなわけですよ。出向は労働者供給なので，労働者供給と派遣で二重供給･派遣みたいなもので，これが許されるのかどうか。

そもそも二重派遣は，派遣先と派遣労働者間に労働契約関係が存在していない状態で別の派遣先に労働者を派遣しているため，「労働者派遣」の定義に該当せず，労働者供給として職安法の規制を受けるもの（職安法44条違反）です（📖 436頁）。そして，この出向（労働者供給）・派遣の場合は，まず，出向先と出向労働者の間に労働契約関係が成立しているのかどうかが問題になり，出向で一般的に言われているような二重の労働契約関係が成立している，つまり，出向先と出向労働者の間にも部分的に労働契約関係が成立しているとすれば，出向先，派遣先と労働者の間に労働者派遣関係が成立していると言えるかもしれません。

しかし，もしこのような形で，出向（労働者供給）と派遣を重ねて行っていて，出向元がこれを業として行っているとすれば，そもそもの出向が違法な労働者供給事業になって，職安法44条に違反する可能性が出てきます。

やはりこういう点で，出向はまだきちんとした法的な整理・対応がなされていないパンドラの箱であって，そのうち大きな問題が社会的に顕在化してくるのではないかと思います。

93 ★★ 出向と労働者供給事業の区別

（📖 542頁～，429頁）

労働者供給の「業として行う」とは，一定の目的をもって同種の行為を反復継続的に遂行することをいい，１回限りの行為であったとしても反復継続の意思をもって行えば事業性があるとされていますが（平成30年１月付厚生労働省職業安定局「労働者供給事業業務取扱要領」），出向の場合は，反復継続の意思がない，ということになるでしょうか。この理屈自体が必ずしも説得力がないことは講義で理解しましたが，一応整理しておきたいと思って質問させていただきました。

「業として行う」の一般的な解釈はおっしゃる通りです。ですが，「出向」になると，厚生労働省は，社会通念上「業として」行われているものとは言えないとの解釈をとっています（📖 409頁）。これは，反復継続して行われるものではないというより，利益を得ているものではないという点で「業として」行われているものではないと解釈しているようです。しかし，本来の「業として」の解釈に「利益を得ている」という要素は入っていないので，そこだけ理論的に一貫性のないことを「社会通念上」という言葉を使って行っているのではないかと思います。「出向」を反復更新して行っているところはたくさんありますし，最近はそれをビジネスにしている（利益を得ている）ところもありますので，そのうち問題が顕在化することになるのではないかと危惧しています。そういう懸念やリスクを認識しながら，実務に携わっていただければと思います。

15 休　職

休職の取扱いについて

（📖 556頁～）

休職には，「当然休職方式」と「命令方式」がありますが，前者の場合，本人の意識が戻らず，回復の見込みが全くないような状態でも，「回復の見込みがない者については，休職を認めない」旨の規定がなければ，休職させなければならないのでしょうか。

休職については，法律上定められたものではなく，就業規則等によって任意に定められた制度ですので，基本的には，それらの規定の解釈，すなわち，契約の解釈の問題になります。当然休職方式の規定が回復の見込みのない者についても例外なく適用されてきたのか，回復の見込みがない者については休職期間満了までの解雇猶予という趣旨は及ばないので休職規定を適用する必要性はない（したがって休職規定を適用することなく解雇することもできる）と解釈・運用されてきたのか，契約解釈の選択肢は大きく２つありそうです。個別の休職制度ごとにどちらが契約解釈として妥当するのかを，制度趣旨や実態に照らして判断するということになるのではないかと思います。

病気休職と病気休暇について

（📖 557頁～）

病気休職に前置きして病気休暇（ケアリーブ）を設けている会社が見受けられます。法的な建付けは同じものなのでしょうか。私は，大阪医科薬科大学最高裁決は前者の「病気休職」を対象にしているように思い，日本郵便（東京）最高裁判決は後者の「病気休暇」を対象にしているように思えるのですが，いかがなのでしょうか。また，同一労働同一賃金ガイドラインはどちらを射程にしているのでしょうか。

私の理解では，大阪医科薬科大学事件も日本郵便事件も同一労働同一賃金ガイドラインも，長期の病気休職や傷病休職制度を念頭に置いていて，病気休暇，ケアリーブを想定しているものではないように思います。ただし，大阪医科薬科大学事件も，日本郵便（東京）事件も，この病気休職期間中は正職員には有給扱いとしていたので，病気休暇に近い側面もあったといえるかもしれません。

休職期間中の休暇・休業取得の可否

（📖 557頁～）

休職期間中の年次有給休暇，産前産後休業，育児・介護休業等について質問します。「法律上定められた休暇・休業については，法律上の取得要件……を満たせば，休職期間中の労働者も法律上の規定に基づき休暇・休業を取得できるものと解される」（📖 557頁～）とありますが，就業規則に「休職期間の途中においては年次有給休暇の権利を行使することができない」と規定してあると違法になるでしょうか。また，休職期間中は，労働者から請求があれば子の看護休暇や介護休暇も認めなければいけないのでしょうか。本来病気休職などの場合，本人が療養中であり，子の看護休暇や介護休暇，介護休業をする余地はないのではないかと思うのですが。

年次有給休暇については，テキスト558頁・注17の解釈例規の解釈の妥当性の問題となります。この通達によれば，休職発令により完全に労働義務を免除している場合には年休権を行使できないとしていますが，私は，使用者による発令の形式により強行法規に基づく権利の帰属が変わるというのは理論的におかしいと思うので，注17の後半に書いてあるような解釈をしています（私以外にこのような解釈をしている人はたぶんいないので，どちらを参考にするかはそれぞれの賢明なご判断にお任せします）。看護休暇や介護休暇については有給ではなく，雇用保険からの給付もないので，あえて休暇を申請する実益はないかもしれません。

97 病気休職期間中の産休・育休の取扱い

（📖 557頁～）

病気休職が他の休業と重複した場合の取扱いに関し，就業規則等で明確にルールを定めていない場合についてお伺いします。メンタル不調による病気休職期間中に妊娠，出産し育児休業になるケースがありますが，産前休業に入る前に，例えば病気休職期間が残り１年だった場合は，育児休業終了時点では病気休職期間は終了していると判断して，育児休業終了時点で復職できない場合は退職となるのでしょうか。それとも，病気休職は中断しているとして，育児休業終了後，産前休業開始時点の病気休職期間の残日数を経過した時点で復職できない場合に退職となるのでしょうか。

法律上の権利として認められている産前産後休業，育児休業等と，就業規則等で定められた任意の制度である病気休職との重複・調整という難問です。テキストでは，就業規則等に特段の定めがなければ，それぞれの制度の趣旨・目的が異なることに照らし，法定の休暇・休業期間中は病気休職期間の進行は停止するという解釈を示しています（📖558頁）。この問題については，現時点では判例や定説があるわけではありません。

長期の傷病休職と年休発生要件の出勤率の算定

（📖557頁～，782頁～）

傷病休職期間が１年を超える場合，年休の発生要件である「全労働日の８割以上出勤」の算定にあたり，分母・分子とも算定から除外されて０／０＝０％となり，次年度の有給休暇は発生しないが，１日だけ有給休暇を取得すれば出勤率は１／１＝100％となり，次年度に年休権が発生すると考えてよいのでしょうか。

難問ですね。テキスト558頁・注17の昭和24年通達等によれば，休職発令により所属を離れ労働義務が免除されている日には年休請求の余地はないとされていますので，この通達をそのまま解釈すれば，休職発令をし労働義務を免除していれば年休請求の余地なしとなります。しかし，注17の後半で述べている私見によれば，法定の要件を満たせば年休を取得することができると解釈しているので，ご質問のような，年休の「８割以上出勤」要件のカウントの問題が出てきます。判例等によれば，一般に，就業規則等に定められた休暇等の取得日(おそらく傷病休職の期間もここに含まれるでしょう)は分母・分子の双方から除外，年休取得日は分母（全労働日）に含めたうえで分子(出勤日)として算定すると解釈されています(📖782頁～）ので，ご指摘のように，１年間ずっと傷病休職で休んでいればゼロ％で８割要件を満たさず，その中で年休取得日があれば100％で８割要件を満たすということになりそうです。そもそも，「全労働日の８割以上出勤」の要件は，自らの帰責事由による欠勤率が高い労働者を除外する趣旨で定められたことからすると，自らの帰責性のない病気休職で出勤できなかった場合に翌年の年休を認めないことのほうが解釈として問題がある（要件を設定した趣旨に合わない）ように思いますので，年休を取得しないでずっと休職していると年休の権利がなくなるという解釈はおかしい気がします。本来であれば，８割出勤を要件とするのではなく，帰責性のある欠勤が２割以上になったら年休権が発生しなくなるという解釈をとるのが法の趣旨に適っているのかもしれません。いずれにしても，私見に基づく解釈です。

休職後の復職対応における職能資格制度の運用について

（📖 564頁～）

「職能資格制度に基づく職能給がとられ，職能資格が低下することが想定されていない制度においては，労働者の自由意思に基づく同意がない限り，職能資格や基本給を引き下げることはできない」（📖 565頁）とありました。しかし実務的には，職能資格制度を導入している場合でも，降給・降格は制度設計上設けておくべきではないかと考えます。

職能遂行能力は下がらないとよく言われますが，保有能力，発揮能力について区別して定義し，スキルの陳腐化や，事業に求められるスキルの変化に対応するため，スキルの定義，評価基準を工夫すること，そして継続的なファクト集めやコミュニケーションなどにより納得性，公平性を担保することで運用可能だと思うのですが，いかがでしょうか。

これは，職能資格制度が何級何号俸という形で職能資格制度を採用している場合に，どういう風に「職能」を定義するかのという問題です。ここでおっしゃっているように我が社の職能資格制度の「職能」というのは，もっと柔軟なもので，単に経験とか勤続年数で上がっていって下がらないというものではなく，場合によってはこういう条件やこういう評価の下で下がることもありますよという制度にすれば，それに基づいて運用できるので，スキル（職能）の定義とか評価基準をきちんと定めて，事実に基づいて，コミュニケーションをきちんととりながら運用することは可能だと思います。そもそも日本の一般的な職能資格制度については，おそらくそのような制度設計がなされて柔軟に職能（基本給）が下がるというものにはなっていなかったので，もしそういう柔軟な職能（スキル）評価と基本給の変動を可能とする制度を採用するとすれば，その分，明確な制度設計と事実に基づいて制度運用をしていく必要があるように思います。

復職時に賃金を引き下げようとする場合には，そのための制度設計とその公正な運用が必要であることにはご注意ください。

16 企業組織の変動

事業譲渡の際の労働条件の承継について

（📖 574頁～）

事業譲渡に関して質問をさせていただきます。A社において経営の継続が不可能となり，B社に事業を譲渡するとした場合，A社で働いていた労働者の賃金および福利厚生は引き継がれると考えてよいのでしょうか（特に有給休暇および勤続年数の通算に関して）。それとも，A社とB社との契約内容に完全に委ねられることになるのですか。また，元A社の従業員にとって不利益となる取扱いが行われることとなり，元A社の従業員に説明のうえ個別の同意を得るような場合について，もれて説明を受けなかった者（例えば，育児休業を取得しており事業譲渡の時期に出勤していなかった者など）には不利益な変更の効力は及ぶのでしょうか。

事業譲渡については「個別承継」であると解釈されていますので，基本的には事業譲渡の際の合意内容による（具体的には新たな使用者となる譲渡先と譲渡される労働者との間での合意の内容による）ことになります。ただし，注意しなければならない点もあります。年次有給休暇の権利については，強行法規として実態に照らして判断されますので，合併や事業譲渡により労働契約が承継された場合，労基法上の「継続勤務」に当たると解釈される可能性があります（📖 744頁参照）。また，事業譲渡の前に労働条件の引下げを提示してそれを承諾する労働者のみを承継する（引き下げた労働条件で労働契約を締結する）ことは，就業規則変更法理等を潜脱する脱法行為として公序良俗違反とされる可能性があります（📖 572頁・注13参照）。さらに，労働条件を変更する場合に明確で具体的な説明をしたうえで同意を得ていないと，個別の労働契約の解釈として従前の労働条件のまま新たな労働契約が締結されたとする黙示の合意の認定がなされる可能性があります（📖573頁参照）。ここでもやはり，具体的に説明をして，納得してもらって自由意思による同意を得るという基本が大切になります。

新設分割した会社の赤字についての元の会社の責任

（📖574頁～）

新設分割の場合，当初予定していたようには売上げが伸びず，リストラの問題が生じることがあります。この場合，整理解雇の４要件（４要素）を充足していても，グループ全体として黒字であれば，グループ全体として，従業員の解雇回避努力の履行を追及されるのでしょうか。先生のご見解をお聞かせください。

解雇権濫用法理にしても整理解雇法理にしても基本的には法人単位で判断されますので，解雇権濫用法理，整理解雇法理を遵守しているかどうかは新設分割で独立した法人になった場合には，その法人が整理解雇の法理を遵守しているかどうかの問題になります。ただし，整理解雇の４要素の中の２つめの解雇回避努力については，法人の中で閉ざされたものではないので，解雇回避努力で関係する元の会社の利益が上がっていて，収益の上がらなかった部門だけ外に切り出されていた場合には，利益のある元の会社に対して余剰人員を受け入れる余地がないのか，そこで解雇回避努力の一環として出向とか転籍させるという可能性があったにもかかわらずそれをしなければ，解雇回避努力を十分に果たしていないとして整理解雇無効という判断がなされる可能性があるのではないかと思います。

なお，経済の実態は法人単位ではなくグループ企業等でつながっている中で，労働法の基本的な適用単位が法人単位や事業場単位のままでよいのかについては，今後検討すべき労働法の基本的課題の１つです。

承継事業の主従事労働者の承継に異議申出権がないこと

（📖577頁～）

会社分割において，承継事業に主として従事している労働者には，承継されることに異議申出権がないとされています。しかし，転籍については，労働条件が維持されている場合も，新たな労働契約を成立させることになるため労働者の個別同意が必要と解釈されていることと，バランスを失していると言えないでしょうか。会社合併と違い，会社分割は大企業が将来性のない部門を切り離す手段として使われる場合が多く，影響は当該部門の労働者のみに集中します。不利益を被る可能性があるにもかかわらず，当該労働者（承継事業の主従事労働者）に異議申出権がないというのは，均衡を欠くように思います。この手法が簡便だからと広く行われるようになると，問題も多く発生することになるのではないでしょうか。

その懸念は，おっしゃる通りだと思います。この点は，日本IBM（会社分割）事件で争点となったのですが，同事件の横浜地裁（第一審）は，労働契約承継法には承継事業に主として従事する労働者に承継拒否権を定めた規定はなく，承継を拒否する自由としては退社の自由が認められるにとどまるが，この立法が，グローバル化の中で企業が経営の効率化や国際競争力の向上のために行う組織再編に不可欠の制度として設けられ，労働者保護の観点から２条通知，７条措置，５条協議等を定めていることからすれば，承継事業に主として従事する労働者に承継拒否権を認める規定がないことをもって違憲・違法となるものではないと判断し（平成19・5・29労判942号５頁），この判断を，東京高裁（控訴審）も最高裁（上告審）も基本的に踏襲しています（📖577頁・注25参照）。この判断の妥当性については，それぞれ考えてみてください。

103 労働協約違反の場合の事業再編自体の効力

★★

（📖 579頁～）

大鵬産業事件では，労働協約に「人員の削減や工場の廃止等をする場合には，組合と会社は事前に協議し，同意決定の上実施する」という解雇協議同意約款があるのに，十分に協議をせず，同意も得ずに解雇をしたことで「解雇は労働協約に違反したもので無効である」と判示しました。また，日本アイ・ビー・エム（会社分割）事件（この事件は５条協議が十分になされていたので会社分割は有効であるという結論ですが）では，「５条協議の手続が十分になされていない場合には，労働契約の承継の効力を争うことができる」と判示されました。

これらは，あくまでも個人の地位が争点となりますが，企業組織再編等に係る事前協議条項があるにもかかわらず，これを無視または適切な対応を取らずに事業再編等を強行した場合，事業再編そのものの効力まで，争うことはできるのでしょうか。

事業譲渡にしても会社分割にしても，いずれにしても個別の問題ではないかと思います。裁判所で誰が原告として争っているのか，その効力は誰に及ぶのかという相対効の問題であって，例えば会社分割で承継の対象となった労働者１人が裁判で争ったり，10人の人が裁判で争って，自分の労働契約上の地位（承継されるか承継されないか）の確認を請求したりすることはできますが，会社分割そのものが無効とか，事業譲渡全体が無効になるという話には直接的にはならないように思います。また，労働組合との間で事前協議条項があった場合，そこで争っている組合員との関係で承継が無効となる可能性があったり，組合と会社との間で債務不履行としての損害賠償請求の問題が生じたりしますが，すべての労働者に対して会社分割や事業譲渡そのものが無効となるという効果は発生しないのではないかと思います。部分的に瑕疵が生じたことに対し，事実上，会社が企業組織再編を元に戻したりやり直したりするということはあるかもしれませんが，それは法的な効果というより事実上の帰結と言えるかもしれません。

<ポイント>テキスト579頁～
会社分割の手続き（労働契約承継法）

① 過半数代表者と協議（7条措置）
② 承継対象労働者と協議（5条協議）←個別協議
③ 承継対象労働者等への書面通知（2条通知）

17 懲　　戒

懲戒解雇と10人未満の事業場の関係について

（📖 590頁～）

①　懲戒解雇について，契約説の立場をとった場合，従業員10人未満の事業場で就業規則がない（かつ労働契約書に懲戒に関する定めがない）場合，どんなに悪いこと（例えば1,000万円を横領した）をしても懲戒解雇はできないという理解でよいでしょうか。

②　上記①の場合，懲戒解雇はできないが，民法627条の雇用契約の解約（普通解雇）はでき，当該解雇については，労契法16条の「客観的合理性，社会的相当性」で判断されるという理解でよいでしょうか（1,000万円の横領であれば一般的には普通解雇はできそうですよね）。

③　上記①・②の場合で，就業規則も退職金規程もないが，労使慣行として勤続10年以上の退職者全員に退職金を100万円支払っていた場合，1,000万を横領し普通解雇となった者が，勤続10年以上の場合，この者に対しても100万円を支払わないといけない（減額できる根拠がない）ということになろうかと思いますが，アイビ・プロテック事件（東京地裁平成12・12・18）の考え方により，労働者に重大な背信行為があったとして，退職金請求が権利の濫用として認められないということになるのでしょうか。

①　そうなります。契約説というのはそういう立場です。それではちょっと就業規則のない中小企業は処分できないから可哀想だと言うのであれば固有権説をとるということになるのかもしれません。

②　はい。1,000万円の横領で普通解雇ができるかという点は，そ

の他の事情も総合判断して決まることなります。ということで，事案によることになりますが，非違行為を理由とする普通解雇ということになるかと思います。

③　労働者側からの退職金請求権が権利濫用になるという考え方をとる裁判例はなくはないのですが，労働者が契約上の根拠に基づいて賃金請求をするのを，権利の濫用だと解釈することには，私は違和感があります。契約上賃金を払うことになっていれば，賃金は労基法24条の全額払原則に従って全額支払うことを命じられることになりますし，もし事情によっては支給しないという選択をとりたいのであれば，減額・不支給条項を退職金規程の中にきちんとあわせて定めてそれに沿って運用することが必要ですし，それもされていない場合には，やはり退職金はきちんと払って，会社が被った損害については労働者の故意・重過失による不法行為として，労働者に損害賠償請求をして対応すべきだと思います。安易に退職金の支給・不支給という方法で対応することは賃金の権利性を損なうことになるので，規定を整備せずに行うことは避けるべきです。

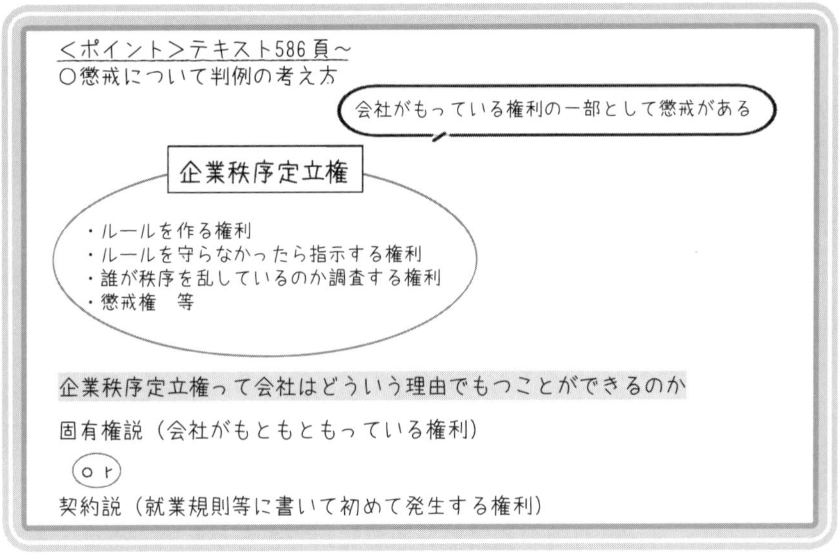

<ポイント>テキスト586頁～

○懲戒について判例の考え方

会社がもっている権利の一部として懲戒がある

企業秩序定立権

・ルールを作る権利
・ルールを守らなかったら指示する権利
・誰が秩序を乱しているのか調査する権利
・懲戒権　等

企業秩序定立権って会社はどういう理由でもつことができるのか

固有権説（会社がもともともっている権利）

or

契約説（就業規則等に書いて初めて発生する権利）

罪刑法定主義「類似」の諸原則

（📖 598頁～）

「懲戒処分は制裁罰との性格をもち刑事処罰と類似性をもつため，罪刑法定主義類似の諸原則を満たすものでなければならないと解釈されている」。このため，「就業規則上の懲戒規定を類推解釈して適用することも許されない（類推解釈の禁止）」とされています（📖 598頁）。就業規則に懲戒規定を定める場合，該当するすべての事象を網羅して限定列挙することは困難であるため，「その他前各号に準ずる行為」との抽象的な包括的事由を入れているのですが，この包括的な規定の適用（それに基づく懲戒処分）は類推解釈の禁止に反しないと考えてよいのでしょうか。

罪刑法定主義「類似」の諸原則の最も微妙な点です。刑事罰では，「○○に準ずる行為」を犯罪と定めて処罰することは，罪刑法定主義の中の明確性の原則に反するものとして許されません。これをそのまま懲戒処分に及ぼすと，「これらの準ずる行為」を懲戒事由とすることは許されないことになりそうですが，これまでの懲戒処分の実務や裁判例では，懲戒事由としてこのような定めをし，それを根拠に懲戒処分をすることは許されないとは解釈されていません。その意味で，現在の解釈としては，罪刑法定主義のうち明確性の原則については，懲戒処分においてやや緩やかに解釈されていると言えます。もっとも，罪刑法定主義（その１つとしての明確性の原則）の観点から問題となり得ることは事実ですから，懲戒処分をするときには「準ずる行為」という懲戒事由だけで処分をすることは避けて，他の明確な懲戒事由とあわせて「準ずる行為」を用いる，という方法をとったほうがよいのではないかと思います。

106 ★ 懲戒手続についても任意に決められるのか

（📖 600頁）

懲戒手続（賞罰委員会の開催，弁明の機会の付与，書面通知など）については，懲戒そのものが，法人が行う処分である以上，その程度を問わず省略することはできないと考えています。しかし，使用者の中には，必ずしも労働者に弁明の機会を与える義務はないとか，賞罰委員会などを就業規則に定めるとその規定に縛られてしまうので，就業規則に定めないほうがよいなどという意見を言う人もいます。

実際のところ，懲戒手続というものは，使用者が任意に定め得るものなのでしょうか。

法的には任意です。懲戒すること自体，懲戒規定を設けること自体が任意で，「我が社は懲戒処分は一切しません」っていう選択肢もあり得ますし，懲戒規定で種別と事由を定めて懲戒手続の規定はないという懲戒規定もなくはありません。しかし，就業規則上懲戒手続の規定があるかどうかにかかわらず，罪刑法定主義類似の法原則に基づいて，弁明の機会を与えるなど適正な手続を踏むことは強行法規として求められていますので，規定があってもなくてもやらなければいけないことがあることをきちんと認識してもらって，そうだとすればきちんと手続規定を置いて，規定に基づいて安定的に運用していくほうがよいというのが常識的な見方で，皆さんの多くはそうされているのではないかと思います。

諭旨解雇について

（📖 606頁）

諭旨解雇は退職願を出させたうえで解雇する（📖 606頁）とあります。
退職願を出させて会社が受け取る（承諾する）のは，退職勧奨による合意退職と理解しています。諭旨解雇で退職願を出させて解雇というのは，出させるだけで承諾しないということでしょうか。この場合の退職願の位置付けはどう考えたらよいのでしょうか。

「諭旨解雇」というのは実はネーミングがあまり正確ではなくて，本来は「諭旨退職」なんですよ。諭旨退職で終わる場合には諭旨退職になっていて，諭旨退職で終わらない場合には，退職同意をしないから懲戒解雇するというので，まさに本当の懲戒解雇になります。諭旨退職のところでは解雇の意思表示が一般的にはなされていないことが多くて，労働契約の解約の仕方としては合意解約による労働契約の終了という形になります。このように合意解約による労働契約の終了という形式と懲戒処分としての諭旨退職または諭旨解雇は両立し得るので，諭旨退職または諭旨解雇という名前の懲戒処分として，その懲戒処分としての有効性をきちんと吟味するということになります。退職の形式としては合意退職なので，「諭旨退職」と呼ぶのがより正確な呼び名になります。この場合の「退職願」は合意解約の申込み（または承諾）の意思表示ということになります。

108 ★★ 経歴詐称について

（📖 609頁〜）

経歴詐称で学歴を低く詐称しても企業秩序維持に反すると判断したのはなぜでしょうか。

学歴を高く詐称するのは，個人の能力を高く偽った結果，業務に支障が出るため問題になるのは想像できます。しかし，低く詐称してもその能力が問題になるケースは少ないと思われ，あまり「企業秩序を乱す」とは考えにくいので質問させていただきます。

これまでの判例・裁判例によると，例えば炭研精工事件は，大学に入学して罪を犯して除籍処分になって中退しているということを書かなかったことが問題視された事案です。また，バスの運転手の例で，ある市では高卒の人からしか市営バスの運転手を採用しないという市のルールがあって，大学を卒業している人はバス運転手としての募集資格がないのに，高卒であるという履歴書を出してバス運転手になったことが後々発覚して，懲戒解雇になったという事案があります。そこでは，高卒の人しか応募できないバス運転手の職務を，大卒なのに経歴を低く偽ってそのポストを奪ってしまったことが，非違行為として責められるべきかが問われています。この質問をしていただいた人の気持ちはよくわかります。高い学歴だとダメで，低い学歴じゃないと適性がないと考えられる職務としてどういうものがあるのかという点については，私自身も疑問に感じています。

ハラスメントの対応は過去何年まで遡るのか

（📖 614頁〜）

過去の行動を10年近く経ってから「あれはハラスメントだった！」と訴えてきた従業員が仮に出た場合，会社はどのような対策をすればよいとお考えになりますか。昔はＯＫだったというだけでハラスメントが許される世の中ではなくなってきているので。

昔はＯＫだったけど今の基準からするとセクハラやパワハラに該当するということもあるかもしれませんが，時効という考え方もあります。例えば，裁判で不法行為とか債務不履行を理由として，安全配慮義務違反や職場環境配慮義務違反で損害賠償請求するときには，原則として，債務不履行だと権利行使できることを知った時から５年（民法166条1項1号），不法行為だと損害・加害者を知った時から3年（同724条１号。人の生命・身体を害する不法行為の場合は5年〔同724条の２〕）の時効がかかります。ある法人では，ハラスメントの申立期間を原則としてハラスメント時から５年以内にしていますが，これは法的な時効の期間とリンクして定められているのかもしれません。長い期間が経過すると証拠の散逸もあるし，調査も難しくなるというのが，申立期間の定めを置く実質的な理由です。

もっとも，５年以内に申し立てられない事情がある場合もあるので，例外なく厳格に運用するかどうかについては留保（例外を作ること）も必要です。そのうえで，原則として５年以内というルールを作ることは考えられるかもしれません。

兼業促進に伴う情報漏洩への防御について

(📖 622頁〜)

兼業促進をためらう原因の１つに情報漏洩への不安があります。懲戒処分をすれば漏洩者に対して制裁は加えられますが，いったん流出した情報を戻すことは困難です。副業・兼業を促進しつつ，懲戒処分者を出さないためにも，どのような形で企業を守るのが効果的でしょうか。

副業・兼業をしなくても，普通に企業が外に出して欲しくない情報が外に出る事態は生じ得ます。ですので，まずは副業・兼業にかかわらず，秘密漏洩・情報流出に対する対策をしっかりと講じることが大切です。

そのうえで，副業・兼業にあたっては，それを推進している先端的な企業では，副業での仕事の内容を本業の仕事と少しずらすという工夫をしています。仕事を少しずらすことで企業秘密やノウハウが副業を通じて漏れることを防ぐこともできるし，本人のやる気や生産性を高め視野を広げるためにも，本業と少し違う仕事をやってもらうことで，視野が広がって本業とのシナジー効果が生まれるということにもつながります。そういう意味では，やはり副業・兼業を野放しにしないで，きちんと届け出てもらって，仕事内容の調整や管理をしながらやってもらうことが大切だと思います。

給与明細の情報漏洩は懲戒事由になるのか

（📖 622頁～）

給与明細を社外の人に見せたことを情報漏洩として服務規律違反による懲戒処分とすることは可能でしょうか。給与の水準や手当などは企業戦略であり社外秘ではないかと考えますが，リファラル採用などで社員がうっかり見せてしまうといった場合などはどうしたらよいかと悩んだことがありました。

給与明細は，労働条件として明示すべき事項が記載されていることが多く，その明示事項を他人に見せたからといって情報漏洩，服務規律違反とすることは難しいように思います。給与をいくらもらっている，どういう手当をいくらもらっているというのを他人に見せたら企業の利益が損なわれるというのは，具体的にはどういう事項を想定されているのでしょうか。家族や友人に給与明細を見せる，転職先を探すときに今の企業からはいくらもらっているということを示すということは一般的にあり得ることですし，他人に開示されることもあるということを念頭に置いて給与明細を発行することが大切なのではないかと思います。

18 賃　　金

退職金は賃金の後払いなのか

（📖 637頁～）

退職金の法的性格について質問です。賃金後払的か，功労報償的かという性格の違いによって退職金減額や不支給条項の効力に影響が及ぶとのことですが，個人的には，以前から「賃金の後払い」という理屈に違和感をもっています。退職金自体の請求権や期待権を保護するための理由なのであれば，退職金自体の合意，就業規則から直接それを引き出せないのか，そもそも何年も経ってから賃金を後払いするとはなんなのか，どうにも理解できません。昨今のポイント制退職金への移行は，退職金自体の合理性や納得性を高めたり，企業経営自体のコスト予測の精度を高めたりするための施策であって，賃金後払いの要素を高めることを目的とするものではありません。あえて言えば，賃金的な性格かどうかは，通常の月額賃金等の世間水準や業界水準との差，賞与も含めた生涯賃金等の他社や世間との相対的な比較などから，労働経済的な要素を含めて判断されるのでなければ理論的ではないのではないかと思うのですが，いかがでしょうか。

給付の性質・目的を客観的に判定してそれをもとに解釈するということがよく行われますが，それは，契約上立場の弱い労働者の利益が立場の強い使用者の主観的な操作や規定によって容易に損なわれてしまう（例えば退職金減額・不支給規定の恣意的な運用がなされる可能性がある）ので，そのような事態を防ぐために行われるものです。その際に，個々の退職金の算定方法や支給内容等の実態を踏まえながら個別にその趣旨・性質の判定を行い，その時点での賃金額を基礎にしつつ退職時の事情も勘案した計算や額の決定が行われている場合には，賃金後払いと功労報償の両側面をもつと判定して，その趣旨・性質から減額や不支給が適当と判断されるかを決定するという解釈がなされており，一律に「賃金」のみとか「功労」のみとして判断されているわけではありません。ここでは，使用者側の主観的な意図・目的ではなく，実態を踏まえたバランスを考慮した解釈がなされていると言ってもよいかもしれません。

世間水準や他社との比較という視点については，根本的な問題として,そもそも「働くこと」は「個人（契約）」か「共同体（制度）」か「社会（国家）」か,という問題にもかかわる点です。第1章（「労働法の歴史」）でお話ししたように，戦前の「共同体（制度）」理論への反省から，今日では「個人（契約）」的な理解が世界の主流となっています（日本でも「労働関係」ではなく「労働契約」としての認識・把握が一般的です）。そのような規範的理解の中では，世の中はこうだからとか，他人はこういう内容を受け入れているからという理由で，個人の契約に基づく利益が引き下げられることは，基本的には適切でないと言えます。個々の契約ごとの実態に基づく解釈をするというスタンスは，この「労働」の「契約」的な理解に基づくものと言ってよいかもしれません。

もっとも，日本の就業規則変更法理（労契法10条参照）では，合理性判断の中で社会的相当性（世間相場等）が考慮されることもあります。このことは法的にどう位置付けられ，どう評価されるのか，それぞれ考えてみてください。

113 賃金のデジタル払いについて

（📖 660頁～）

昨年からスタートしたデジタル給与はどの程度浸透している印象でしょうか。本制度が解禁される前にすでに一部の個人事業主（委託請負）では実施がされていたようですが，感覚的にはあまり浸透してない印象です。

私も現状がよくわからないので，社会保険労務士の皆さんに聞いてみたところ，やはりあまり浸透してないようです。当初は，例えば銀行口座を開くのが難しい外国人等の人たちに，銀行口座ではなくPayPayなどのデジタル口座に振り込めるという利便性があると言われていましたが，そういう人たちに本当にデジタル払いがなされているかどうか。一般的にはまだそれほど広がっていないようです。

休業手当の支払いについて

（📖 672頁～）

今般の震災のように，勤務先（派遣先）が被災し，そこに従事していたパート・有期や派遣労働者の契約内容にあらかじめ記された業務（例えば一般事務）が一時的になくなった場合，類似の業務を提供するのが難しく，代わりに瓦礫の撤去作業といった全く異なる業務を依頼したとしても，本人の同意が得られなければ，残りの契約期間は休業手当を支給することになるのでしょうか。

この場合，パート・有期労働者のような直接雇用だと，就業先の帰責性がないため休業手当不支給でも問題なさそうですが，派遣の場合は，派遣元が使用者となるため，さらに代替の就業先を探して労働者に就業の機会を提供するなどの措置を講じないと休業手当を支給する必要があるということになるのでしょうか。

コロナの時にも同様の話がありましたが，コロナでお店を営業することができなくなったけれど，それは単なる不可抗力による休業というのではなくて，他に仕事を与えて仕事を行わせることができないか使用者として配慮や努力をしたうえで，それでも仕事がなくて休業せざるを得ないというときには労基法26条の使用者の帰責性はないと解釈されていました。それと類似した状況で，震災で仕事がなくなった場合に，他の仕事がないかどうかを探してみて，それでも仕事がなくて働かせることができないという場合には，不可抗力として労基法26条の休業手当は発生しないということになりそうですし，直接雇用の場合はそうなるかもしれません。

問題は，派遣の場合ですね。派遣の場合は，派遣元が休業手当を支払う責任を負うかどうかを判断するときに，他の派遣先に派遣する可能性を模索することが労働契約上の使用者である派遣元に求められるかもしれません。事態の大元は天災事変という不可抗力にある中で，最近は，大元が不可抗力だからただちに労基法26条の帰責性はなしとはならないと解釈されているので，そのような状況の中でも一定の配慮と努力をして，仕事があれば仕事ができるようにしてあげることが求められています。それが難しいかどうかは直接雇用でも派遣でも基本的な状況は同じだと思いますが，それぞれの置かれた環境の中で可能な限りのことをやって，それでも仕事がなければ（派遣の場合には新たな派遣先を見つけることが難しい状況であれば），もともと震災が元になっているので労基法26条の休業手当は発生しないという解釈になるかもしれません。

18

賃金

19 労働時間

管理監督者についての労働時間適正把握

（📖 704頁～）

管理監督者の労働時間の適正把握について伺います。労働時間管理において，管理監督者は労基法41条２号として適用除外とされる一方で，労働時間の適正把握義務の対象になっています。この点，実務上は，フレックスタイム制が適用されている一般従業員と同じ方法で，勤怠システム上登録されてしまっている状況があります。また，実務でよくある話ですが，勤怠打刻をしない従業員（特に管理職）について，所定労働時間のみなし適用をすることもあり，結果として労働時間の適正把握とならないリスクも抱えてしまう中で，管理職全員について勤怠の正確な打刻を確認する作業を行うことも，一定人数以上の規模の会社だと難しい実態があります。会社が時間管理を行っている（打刻システムを導入している）中で，きちんと打刻に協力しない労働者（特に管理職）について，労働時間の適正把握はどこまで求められるべきものなのでしょうか。

頭の痛い問題ではありますが，労働時間適正把握は，労安衛法上，事業者に課された義務であり，医師による面接指導や就業軽減措置（労安衛法66条の８）にもつながる重要な義務ですので，事業者として徹底することが必要です。この法的義務は，使用者の安全配慮義務にも間接的に影響を与え得るものなので（きちんと履行しないまま健康被害が発生した場合には使用者側の安全配慮義務違反を肯定する重要な事実となります），管理職についても，一般の従業員の方々の時間管理・健康管理とあわせてきちんと適正に把握するよう心がけてください。

管理監督者の判断について

（📖 716頁～）

管理監督者性の判断要素としての３要素の構造として，経営との一体性が最上位にあり，あとの２要素はそれに付随して当然求められる要素であると認識しています。中小企業においては，実質的に社長とその側近の数名が経営に関する決定をしていることが多いため，保守的に考えると労基法上の管理監督者に該当する者はほんの数名しかいないようにも思います。課長などで，すでに管理監督者として長期間処遇している者について，その扱いを変えることが難しく，欠勤等により賃金が減額されないことや，一般の従業員の残業代を含めても総支給額が逆転しないことなどは対応できても，この「経営との一体性」についてはどのようにして担保していけばよいのかご教示ください。決済権限規程等で権限を増やす，経営層に近い会議体への参加，人事評価者として人事関連の裁量を増やすなど，実態として難しいことが多いところです。

実態として管理監督者でないとすれば，残業代を払うか，残業しないようにしてもらうことが必要です。３つの判断要素のうち，経営者との一体性が必ずしも最上位で最優先というわけではなくて，重要な職務や責任を負うということと，自由に柔軟に労働時間の裁量が認められているということと，管理監督者に見合う処遇がなされていることの３つは，特に優先順位はなく並列して判断されていますし，３つの「要素」で総合判断すると言われていますが，３つの「要件」に近い解釈がなされています。３つ揃って初めて管理監督者として認められると判断されることが実際の裁判例では多いので，経営会議への参加と発言権，人事の最終的決定権限など重要な職務や責任を負うという点も含めて，管理監督者としての実態をもつ人にのみ，管理監督者としての適用除外を認めるという取扱いをしていただくことが大切かと思います。

副業・兼業と時間外労働命令権の衝突

（📖 729頁〜）

兼業・副業における時間外労働命令権についての疑問です。厚生労働省の「副業・兼業の促進に関するガイドライン」（2020年９月）（📖 725頁）では，労働者が労働時間以外の時間をどのように利用するのかは自由であり，副業・兼業については原則認める方向で，①労務提供上の支障，②秘密漏洩，③会社信用棄損，④競業による会社利益侵害の場合はこれを制限できるとのモデル就業規則を推奨しています。副業先との時間外労働の扱いも，労働者の申告および管理モデルの提示で整理されています。

仮に先契約Ａ社がこのモデルの就業規則を導入したとします。先契約Ａ社と後契約Ｂ社が両方短時間勤務であり，両者の時間帯の間隔が離れている場合には，時間外労働についてガイドラインの枠組みであまり問題ないと思います。しかし，例えば労働者ＸがＡ社に週５日９時から17時（所定７時間）のフルタイムで勤務する一方，副業でＢ社に週５日18時から20時の時間帯で勤務しているという場合に，Ａ社で３時間はかかると思われる時間外労働を命じられたら，Ａ社の時間外労働命令権が優先するのか，ＸがＢ社で就業する権利が優先するのかという問題が発生します。この問題が生じる可能性があることを考慮して，Ａ社は，上記ガイドラインの労務提供上の支障（①）を理由に，ＸのＢ社での副業を禁止または制限できるのでしょうか。また，Ａ社としては，このような事態を回避するため，就業規則に，または労働者との合意で，重大な事由の場合にはＡ社の時間外労働命令を優先する旨定めることが考えられますが，これもどのような事由ならば認められるか，限定的に解釈される可能性があります。副業・兼業が浸透していくと，このような問題が表面化していくように思いますが，いかがでしょうか。

確かに，副業・兼業が広がっていくと，一方の会社の時間外労働命令と他方の会社の勤務との抵触が生じることが考えられますし，その事態を予測して労務提供上の支障が生じる（①）から副業は認めないという判断ができるかは微妙な問題になります。法的には，

ⓐ時間外労働ができなくなるような副業は認めないと会社が判断している（そのように指示している）にもかかわらず副業をしたときに懲戒事由たる「無許可兼業」「無届兼業」「指示違反」等に該当すると言えるのか，ⓑ実際に時間外労働を命じたときに（副業があるから）その命令に従わないと業務命令違反と言えるのか，という問題になります。いずれも個別の事案に応じた相対的な判断（懲戒処分の趣旨に基づく実質的な限定解釈，時間外労働命令権の濫用の成否）になりますが，その前提として，所定労働時間以外の時間は原則として私的生活の自由（その1つとしての労働の自由）の下に置かれた時間であること，36協定と就業規則で時間外労働を命じることがあると規定されていたとしても当然に時間外労働命令権が確保されたとは言えないことを認識しておくべきだと思います。そのうえで，ⓑ会社側の業務上の必要性と労働者側の私的生活の自由との兼ね合いで時間外労働命令権の行使が濫用にならないかが個別に決まりますし，ⓐ副業によって本業の労務提供に実質的な支障が生じることになるかが判断されることになると思います。そのような法的判断の枠組みを踏まえながら，ⓐ副業を制限できるか，ⓑ副業と抵触する時間外労働命令を発出することができるかについて労働時間の制度設計と運用を検討することが，まさに人事・労務のプロである皆さんの重要なお仕事だと思います。

労働時間の動向と深夜残業について

（📖 735頁～）

育児介護のために中抜けをして就業しても，深夜残業の25%割増の影響で，夜の22時までに仕事を終えるように指示するルールが柔軟な働き方を阻害している側面があると思います。このあたり，深夜残業の割増について，諸外国ではどうなっているのか興味があるのと同時に，日本でも今後この深夜割増の考えについて修正される可能性はあるか，ご教示ください。

確かに，テレワークの利用が広がる中で深夜労働の規制を見直してほしいという声はありますが，諸外国では，深夜労働の規制は国によって様々です。例えばアメリカでは，深夜労働の法規制や割増は特に法律上定められておらず，深夜かどうかを問わず，週40時間を超えた労働時間に対し５割の割増賃金を支払うということしか定められていません。逆にフランスでは，深夜労働（午後９時から午前７時）は原則として禁止されていて，労働者の安全や健康の保護の要請を考慮し，かつ，経済活動や公共サービスの継続性を確保する必要性によって正当化される場合にのみ例外的に実施することができるとされています。

これに対し，日本では，深夜労働は特に禁止されてはおらず，２割５分の割増賃金の支払いのみが求められている状況です。この深夜労働の割増は，管理監督者についても適用されますが，高度プロフェッショナルについては健康を確保したうえで適用しないという例外が設けられました。最近は，一方で，テレワークや海外対応等で時間帯を問わない働き方も増えてきていますが，他方で，深夜労働や不規則労働は健康被害が大きいという研究結果も示されています。深夜労働については，単に割増賃金というお金の問題でよいのか，健康確保のための別の形態の規制に変えたほうがよいのではないかという点も含めて，今後，法改正の議論が広がっていくかもしれません。

定額残業代のメリット

（📖 737頁）

経営者の立場では「定額残業代」を取るメリットはあまりないように思います。労働時間把握義務を免れるわけではありませんし，高知県観光事件の最高裁判決によれば，割増部分は法定計算額以上でなければなりませんが，実際にはどうなのでしょうか。

定額残業代は，結局，残業をいくらしても決まった額で支払おうという労務管理の問題と，時間外・休日・深夜労働を抑制しようという効果，すなわち時間外・休日・深夜労働を何時間しても額が一緒だとしたらなるべく時間外・休日・深夜労働をしないようにしようという効果もあり得るので，経営上のメリットはないかと言われれば，なくはないと思いますが，やはり労基法37条に違反するものになっていないかというコンプライアンス上のリスクもあるので，労基法37条に従ってきちんと残業代を計算して支払いつつ，残業時間を短くする努力をするというのが，経営の王道ではないかと思います。

120 長時間労働に相当する固定残業代の定めについて

（📖 739頁）

イクヌーザ事件の高裁判決は公序良俗違反と判示していますが，実際の労働時間が，必ずしも固定残業代に相当する時間に及ぶとも限らず，労働時間の規制がただちに公序を形成しているといえるのか，また，一刀両断に無効として処理すると硬直的になるのではないかなど，この見解に立つことに迷いがあります。もう１つの道行きとして，固定残業代を除いた基本給が著しく低いとか時間外労働が長いという労働実態などがあれば，これらを考慮して，対価性がないという形で処理するほうが柔軟に対応できるようにも思うのですが，いかがでしょうか。

基本給が著しく低いというのは，基本給の水準が最低賃金を超えていた場合に，それを著しく低いとして規制できるかという問題が１つあり得ます。それと，対価性がないという形で処理するというのは，日本ケミカル事件判決で言われているように，実態と規定時間が乖離していたら対価性がないということなので，イクヌーザ事件の説示に行く前に実態との乖離があれば対価性はないという風に処理されますし，イクヌーザ事件は，実態と規定時間との乖離がなくて，実際の労働時間と定めた時間が近いので対価性があると言えるけれども，その対価性のある時間外労働の時間が長かった，過労死ラインに相当するような月80時間という定めだったという点で公序良俗に違反すると判示していて，実態と一緒であっても労働時間が長すぎる場合はダメだという考え方に立っています。私は，このイクヌーザ事件判決の考え方自体はそれでよいのではないかと思っています。

<ポイント>テキスト736頁～
定額残業代の支払いの適法性について

「判別」要件と「割増賃金額」要件

通常の賃金と割増賃金の部分がわかるように区別していないとダメ。
<高知県観光事件>テキスト737頁・注158

時間外労働に対する「対価性」

本当に時間外労働に対して支払われたものなのか。実際の労働時間と乖離していないか。
<日本ケミカル事件>テキスト738頁・注164

◎イクヌーザ事件は，定額残業代を月80時間分にしていること自体が公序良俗違反とされた。
<イクヌーザ事件>テキスト739頁・注169

固定残業代60時間分の適法性

（📖 739頁～）

特別条項付きの36協定で繁忙期は60時間で時間外勤務を締結しているとします。実態としても，月60時間の残業は年６回までで，その他の残り６か月は45時間の残業時間としているとします。この場合，労災認定基準時間等にも当たらないので，固定残業代60時間分は上限原則の45時間を過ぎていますが，適法と言えるでしょうか。

例えば，残業代月60時間分に相当する固定残業代を支払っていて，実態として月60時間の残業はあり得るけれど，年６回までにしているということであれば，労働契約上も明確に残業代と位置付け，実態との乖離も大きくなく，そして月100時間や80時間という過労死ラインに近い水準でもないので，これまでの裁判例からすると，必ずしも違法ではないと言えるかもしれません。個別の事案に対するお答えはできませんが，これまでの裁判例の一般的な傾向からすると，現時点ではそう言えるのではないかと思います。

みなし労働時間の「みなし」の考え方について

（📖 762頁～）

みなし労働時間制全般に言えるのですが，みなし制とは，実労働時間のみなしではなく，賃金時間のみなしと考えることはできないのでしょうか。つまり，例えば，９時間のみなしというのは，実労働時間平均９時間のみなしではなく，あなたの仕事は１日９時間分の仕事の価値がありますというみなしという考え方です。そうすれば「みなし時間」と「健康管理上の時間」を分けることができます。仮に９時間のみなしにもかかわらず

常態的な長時間労働があった場合，今の解決方法は「みなし」が無効になって，遡って割増賃金請求という流れですが，「賃金時間のみなし」であれば「1日9時間分の価値」という「賃金契約」に問題があったということになり，解決の仕方も変わってくる気がするのですが，いかがでしょうか。

賃金については，賃金決定の自由があるので時間単位の設定に馴染まないんですよ。賃金って，何時間だからいくらというような定め方もあるのですが，出来高給とか成果給になると，労働時間の長さにかかわらずいくらという賃金の定め方もできるので，時間と賃金を必ずリンクさせるという制度にするのは難しい。ではなんで9時間働いたときに時間計算で割増賃金の支払いをしなければいけないかというと，これは労基法37条の割増賃金の定めがあるからなのです。賃金本体と労働時間の長さを紐付けることは難しいのですが，37条が存在していて，37条の計算で週40時間・1日8時間を超えた部分については，そこだけは時間計算で賃金を支払ってくださいとなっている。その限りで労働時間の長さとリンクしているのですが，そこ以外の賃金本体と労働時間をリンクさせることは，賃金決定の自由との関係で難しいと思います。

確かに，現行制度で労働時間がみなしになってしまうと，健康管理上の時間とずれるという問題がありますが，その点については，労安衛法の文脈でみなし制の場合でも適用除外の場合でもしっかり健康管理を行っていくという方向で対応すべき問題だと思います。

テレワークに関する事業場外みなし労働時間制について

（📖 763頁～）

令和３年のガイドラインにおいて，自宅要件が削除されるなど緩和の方向であると理解しています。また，在宅勤務においても，厚生労働省の「これからのテレワークでの働き方に関する検討会」の中で某委員が「テレワークの中でも特に在宅勤務というのは，一方で労働者にとっての私生活の場と切り分けると言いながらなかなか切り分けにくいところがあるので，あえてきちんとコントロールしない，やろうと思ったらできるのだけれども，あえてそれを仕組みとしてしないことをもってみなし制の適用という要件にかからしめているところがある」といった発言もあり，中抜け時間の管理については，この考え方が反映されている気がします。厳格な労働時間管理をもって生産性の高さというテレワークの長所（労働者の資質にもよりますが）を滅却させずに，長時間労働を防止する何かよいアイデアをお持ちでしたら教えてください。

現行の労基法の事業場外労働みなしの要件の１つは，「労働時間を算定し難いがたいとき」で，その解釈は，同規定の強行法規性に照らすと，客観的に行わなければいけません。現在のデジタル時代の技術進歩で，「労働時間を算定し難いとき」の範囲がどんどん狭くなっているので，事業場外労働のみなし制度はだんだん使いにくいものになっていくと思います。自宅要件が削除されたのは，サテライトオフィスでもよいという形で自宅要件が削除されたのですが，大元の要件である「労働時間を算定し難いとき」の範囲は，デジタル技術の進歩の中でどんどん狭くなり，スマホなどを使って勤怠管理ができるようになった時点以降は，事業場外労働のみなし制度の適用を認めないという裁判例も出てきています（📖 765頁・注237）。さらに，みなし制だと労基法上の労働時間が実労働時間ではなくなってしまって，健康管理が労働時間や割増賃金とリンクしなくなるという問題もあるので，そういう中で１つの工夫としては，フレックスタイム制をテレワーク用に柔軟化して，自由に始業時刻・終業時刻・中抜け時間を選択できるようにしつつ，労基法上の労働時間や割増賃金は実労働時間に沿ったものとするということが考えられるのではないか。今のフレックスタイム制は，始業時刻・終業時刻の自由を就業規則等に明記するということになっていて，例えば就労日全部で始業・終業時刻の自由を定めておかなければならないことになっていますが，例えば，週のうちテレワークで働く日のみをフレックスタイム制にする，その要件として，中抜け時間の自由も労働者に認めるという制度にすることが考えられるのではないかと思います。このような工夫をすることで，実労働時間による労務管理，健康管理を行いながら，労働時間の選択の自由を認めることが可能となるかもしれません。

20 年次有給休暇

124 ★★ 年休5日取得について

（📖 778頁～）

年次有給休暇5日取得については，今後，長期間かけて7日取得など，漸増する予定はあるのでしょうか。あわせて，働き方改革5年施行後に伴い，厚生労働省内で労働基準関係法制研究会が発足するようですが，ここではどういった課題が議論される予定なのでしょうか。

年休について，5日をもうちょっと長くするか短くするか，または5日でよいのかは，アンケート次第だと思います。労働基準関係法制研究会で，使用者や労働者に対するアンケート調査を実施しながら，当事者の意識等も参考にし，改革の方向性を検討していこうということになっています。その中で，年休付与義務の年5日を減らすという方向には進まないのではないかと思います。その日数を増やすのか，付与の方法として労働者が個別に時季指定権を行使した分をカウントの中に入れたままにしてよいのか，時季指定権行使部分はカウントから外して使用者が事前に計画的に付与するという方向に誘導していくべきか，といった点が議論になるのではないかと思います。そのほか，研究会では，労働時間規制，労働者概念，使用者・事業場概念，労使コミュニケーションのあり方など，労働法の根幹にもかかわる幅広い点が議論の対象になると思います（実際にそういう方向で広く議論が行われています）。

125 ★★ 労基法39条に対する施行規則の経緯について

（📖 780頁〜）

かつて，労基則には，「使用者は，法第39条の規定による年次有給休暇について，継続１年間の期間満了後直ちに，労働者が請求すべき時期を聴かねばならない。」（旧労基則25条）という規定があり，「年次有給休暇は使用者が積極的に与える義務があることを強調し，徹底させること。」という通達が存在していました（昭22.9.13基発17号）が，いずれも廃止されてしまっています。そして，働き方改革のときにわざわざ，同趣旨の規定を復活させるような法改正が行われています。なぜ，年休取得を促進させるために有効と思われるこのような規定が廃止されてしまったのでしょうか。経緯をご存じでしたら教えてください。

こういう通達があったことは知りませんでした。推測すると，労基法上は労働者の時季指定権という形で，法律の条文としてヨーロッパの本来の年休カレンダー方式を導入できなかったけれども，法の趣旨からすると，実態として年休（当時は６日から20日）をきちんと取得させるような義務が使用者にあるということを，当時の労働省として通達という形で示したのだけれども，やはり日本では実態と理念の乖離が大きかったので，実態としてうまく広がらなかった通達がいつの間にか廃止され，そしてその理念を引き継ぐ形で1987（昭和62）年法改正によって導入されたのが計画年休制度です。計画年休制度を使って労使が事前に定めた部分は，労働者の時季指定権よりも優先して労使協定によって年休が特定され，５日分だけは個人の選択のために残すけれども，例えば年20日のうち15日までは労使協定で決められることにしました。これは，一種の欧州型の年休カレンダー方式と言ってよい制度です。しかし，この労使協定による計画年休制度も日本ではうまく根付かなかったので，働き方改革の中で，年休付与義務という形で新しい取組みが進められているところです。

年休付与義務の年途中退職者についての取扱い

（📖797頁～）

年休付与義務について，退職者にかかる取扱いをどのようにすればよいのか特段の記載がなく，どこまで厳密に行う必要があるのか，疑問に思っています。期中入社する者の取扱いや付与の時期による調整規定（労基則24条の５第２項）があることは認識しています。会社の付与基準を年度で運用していますが，期中で退職する場合，５日の付与義務を免除されるのでしょうか。期中入社調整があるなら，退職者も調整の必要があるように思います。実際の運用として，とても難しい状況です。

特にこの点については法令に規定がなく，建前としては，可能な範囲内で付与義務を負う（退職日の前に５日間付与する。年度運用で３月27日に育児休業から復帰してきた人には３月27日から31日の５日間の年休を付与する義務を負う）ものと解釈されています。しかし，運用としてかなり無理がある不自然な解釈なので，法改正によって自然な運用を可能とするように調整規定を設けることが検討されるのではないかと思います。

年次有給休暇中の賃金について

（📖799頁～）

年次有給休暇中の賃金については，就業規則その他これに準じるもので定めるところにより，労基法39条９項で規定する，①平均賃金，②所定労働時間労働した場合に支払われる通常の賃金，③健康保険法の標準報酬日額のいずれかを支払わなければならないとされていますが，これらの額を上回る限り，これらの方法によらずとも，独自の方法で算出した賃金を支払うことで足りるという理解でよろしいですか。

この点は，そうだと思います。例えば，この方式との比較でそれよりも高い賃金を支払いますという点を確認したうえで支払った方がよいと思いますが，労基法の解釈としてはより有利な取扱いは認められていますので，法定の方式を上回る額を支払えば違法ではないことになります。

128 ★★ 退職者の年休買取りの適法性をめぐる解釈

（📖 805頁〜）

年休の買取りについて質問です。外資系企業などでは，退職時に余った年休分の平均賃金を退職金に上乗せして支払うケースをよく見かけます。このような事後の買上げについて，テキスト805〜806頁では「労基法39条に違反しないとする見解が一般的であるが，……年休制度の趣旨に反する事態を招きかねない。したがって，事前・事後を問わず，未消化年休に対して使用者が金銭を支払うことは，原則として労基法39条に違反し無効と解すべきである」と書かれています。仮に，労基法39条に違反し無効と解された場合は，退職金の上乗せという制度がなくなるということになるでしょうが，労働者にとっては使い切れなかった年休分のお金がもらえなくなるので，かえって不利益なようにも思えます。その解釈によれば，無効と解された場合は，これまで上乗せ分をもらって退職した者にもその影響は及ぶのでしょうか。

支払った金銭が無効となるのではなく，金銭で買取りして未消化年休を清算する取引（合意）が無効という趣旨です。これを認めると，退職する年には年休の代わりにお金をもらえるので年休を取得するのを差し控えてその分のお金をもらうという行為が横行する可能性があり，そのような行為は休暇をとって心身のリフレッシュを図ろうとする法の趣旨に反するので，そういう制度や合意は無効にして，退職する年にもきちんと年休を取得することを求めるという解釈です。支給されたお金は，法律上の原因なく得られた利益として不当利得返還請求（民法703条）の対象となるか，または，不法原因給付（給付が公序良俗に反する契約に基づいて行われたこと）として返還請求は認められない（同法708条）ということになるかもしれません。

21 労働安全衛生

病歴を隠して入社する労働者にどこまで聞けるのか

（📖 811頁～）

入社時に病歴（特にメンタル疾患）を秘匿して入社してくる者がいます。使用者の安全配慮義務と個人情報とのバランスの観点から，どこまで聞き出してよいものか，そのバランス感覚がわかりません。また，使用者の安全配慮義務と労働者の自己保健義務とのバランス感覚についても，一般的にどのように評価されているのか教えていただけると有り難いです。

業務と密接にかかわるような特別な理由がない限りは原則として病歴を聞いてはいけないですし，メンタル疾患を言わないことを想定して会社としては健康配慮義務を果たさなければいけないと考えられています。私のテキストの中には労働者の「自己保健義務」という言葉はどこにも出てきません。仮に，労働者にも自分の健康を守る自己保健義務があるとしても，自分で健康を守っていなかったからといって当然に安全配慮義務違反の成立が否定されるわけではありません。労働者を業務に従事させて，その業務に起因して安全配慮が必ずしも十分ではない中で病気にり患した場合，使用者の安全配慮義務違反は成立します。その際に，使用者が積極的に病院に行くように働きかけていた場合には，使用者側の安全配慮義務がプロセスとして軽減されたり，過失相殺や素因減額として使用者の損害賠償額が減額されたりすることはありますが，労働者の性格の多様性は基本的に過失相殺や素因減額での対象とはならないとされていますし，メンタル疾患については通常労働者が使用者に申告することが期待できない事情として，会社としてはその申告がなくても労働者の健康に配慮することが求められています。使用者としては，労働者のメンタル疾患については詮索もできないし，申告を期待することもできないということを前提として，発症の原因となるような過重労働やハラスメントがないように気を付けること，かつ，各労働者がどういう健康状態にあるのかを健康診断の結果や日常的な仕事の状況などを注視して，健康被害が生じないように個別の配慮をすることが，上司の重要な任務だと改めて確認することが大切だと思います。

130 ★★ 産業医の役割について

（📖 815頁～）

近時，メンタルヘルスに起因した休業が実感としてとても増えている印象です。医師の診断書も，ネット情報で流布されているせいか，比較的容易に取得できるような気もします。

その対応としていつも困るのが，個々人の症状に合わせるとはいえ，どの程度，連絡すれば企業として尽くすべき義務を果たしたと言えるのか，非常に判断に迷うところです。過度にコンタクトを取ると怒られ，控えたら怒られの状態です。

特に休職期間満了間近に復職に向けて，産業医面談を依頼しても「会社の息がかかっている者の診断は断る」といったケースも少なからずあり，かかりつけ医の診断書のみで判断せざるを得ないケースもあります。

この点で，就業規則等に明記して強制的に産業医面談を命じることはできないのでしょうか。また，こういった対応をするにあたって，人事権は退職勧奨を含めどの程度まで強制力を発揮することができるのでしょうか。

医師選択の自由があるので，何も根拠なしに特定の医師の診断を無理やり受けるように命じることは難しいかもしれません。その中で，まず本人が主治医の診断書を持ってきたとすると，それはきちんと状況を見ながら斟酌すべきですが，会社としては医師の診断書による病気の診断だけではなくて，会社の中でどういう業務をどういう方法でしてもらうことがふさわしいかという判断をしなければいけないので，会社の中の業務を知っている産業医の方が，会社の業務との関係で診断をできるというメリットがあるので，産業医の面談を受けてくださいとお願いをする，場合によっては，就業規則の規定に基づいて，業務命令として産業医との面談を命令して，善処を促すといったこともできます。業務命令としての受診命令に応じてくれない場合に懲戒処分をするかどうかについては，労働者のプライバシーの尊重・配慮の問題もあるので，あまり強権的なことはしないほうがよいかもしれません。また，本人が主治医の診断にこだわる場合には，本人を通じて主治医に協力を求めて，主治医との間で具体的な病気の状況と業務従事の可能性や内容・方法について具体的に話し合うというプロセスを踏むことが考えられます。病気休職期間の満了時の復職可否や退職扱いの可否の判断においては，主治医や産業医の判断をめぐって信義則違反にならないように誠実にプロセスを踏むことが重要であることが，最近の裁判例をみるとわかります（📖 563頁）。ポイントは，（主治医と産業医の双方を含む）医師の診断の重要性と使用者としての誠実な対応です。

<参考>テキスト563頁・注33
復職可否の裁判例一部抜粋

〈J学園（うつ病・解雇）事件・東京地判平成22・3・24〉
うつ病で休業していた教員に回復可能性が認められるなかで，校医が連絡しても回答が得られなかったという事情があるとしても，主治医に治療経過や回復可能性等について問い合わせることなく行った解雇を権利濫用として無効とした

〈日本漁船保険組合事件・東京地判令和2・8・27〉
労働者が復職を求める際に提出した主治医の治癒証明（診断書）について，使用者が主治医と面談のうえ事情聴取することを求めたが，労働者がその実現への協力を拒否したため，就業規則規定に基づき当該診断書を受理せず，休職期間満了により当該労働者を自然退職したことは違法無効とはいえないと判示

「労働時間」と「健康管理時間」等

（📖 828頁，720頁）

面接指導・労働時間の状況把握（📖 828頁）についての質問です。事業者はすべての労働者（管理監督者や裁量労働制の適用者を含む）の労働時間の状況を把握しなければならないとされています（労安衛法66条の８の３）。「労働時間の把握」ではなく「労働時間の状況の把握」と，なぜ「状況」の概念を入れる必要があるのでしょうか。労基法でいう労働時間の把握対象ではない適用除外者等を含むことは理解できます。健康管理の観点から把握する必要があるのは「労働時間」ではないのでしょうか。高度プロフェッショナル制度についても，健康管理の観点からの必要性は理解できますが，「労働時間」ではなく「健康管理時間」の概念を入れる必要があるのでしょうか。

厳密に言えば，労基法上の労働時間に限られず，みなし時間適用者についてはみなし時間ではなく実労働時間，高度プロフェッショナル制度適用者については事業場内での休憩時間を含む健康管理時間で算定することとしているので，「労働時間の状況」という言葉が使われているのではないかと思います。健康確保という趣旨から，労基法上の労働時間概念にこだわらず，それぞれの制度ごとに適切な時間をカウントするという趣旨です。今後は高度プロフェッショナル制度以外についても，健康確保のための「健康管理時間」（事業場内の休憩時間も含む）という考え方が政策的に広がっていく可能性があると思います。

22 労働災害の補償

労働災害に労災保険を利用しないこと

(📖 842頁，848頁)

実際には業務災害だが労災保険を使用しないケースについて質問します。軽度な打撲や捻挫などの場合，労災保険の療養補償給付（労災様式5号）を請求することなく，事業主の全額負担で治療を受けることが実際にはあります。これは労災保険給付のための手続が面倒だと考える風潮によるものですが，事業主が労災保険を使用せず療養にかかる費用を全額負担すれば，特に違法ではないと考えてよいのでしょうか。また，業務上の自動車事故の場合，通常は補償割合の高い自動車保険を使い，労災保険を使用しません（「自賠先行」）。この点も違法ではないのでしょうか。「労働者死傷病報告」の提出義務は免れないと理解しています。

「労災隠しは犯罪です」の「犯罪」は，「労働者死傷病報告」の提出義務違反です（📖 843頁）。労働者死傷病報告をきちんと提出したうえで，請求権者である被災者に労災保険給付の長所をきちんと説明し，被災者の自由意思で労災請求をしない（他の保険給付等でカバーされる）とすれば，この点では違法ではないと思います。被災者が労災保険給付を請求しない場合でも，事業主として「労働者死傷病報告」の提出は忘れないようにしてください（「労災隠し」として「犯罪」になります）。

複数業務要因災害の安全配慮義務違反について

（📖 870頁～）

複数業務要因災害（長時間労働によるもの）の場合，それぞれの企業の安全配慮義務違反による損害賠償はどのように認定されるのでしょうか。

まず，安全配慮義務違反がそれぞれの企業において成立するのかしないのか。安全配慮義務違反は不法行為でもあるし債務不履行でもあって，信義則違反が成立するかどうか個別の事案ごとに判断されるものなので，複数の企業の双方に成立することもあるし，双方に成立しないこともあるし，片方に成立するということもあり得ます。最近の裁判例として，兼業労働者の長時間労働による精神疾患の発症につき，大器キャリアキャスティングほか１社事件の大阪高裁判決（📖 884頁・注175）は，「本業にかかる使用者は兼業先での就労状況も比較的容易に把握できたのであるから，業務軽減措置をとるべき義務を負っていた」として安全配慮義務違反を肯定し，「兼業労働者の連続かつ長時間の発生が同人の積極的な選択の結果生じたものであることは過失相殺で考慮される」として，４割の過失相殺を相当と判断しており，この事件では兼業先には責任を求めていないので，本業の使用者がこの事案では10割中６割の損害賠償責任を負うという判断がなされています。ケース・バイ・ケースですが，使用者として具体的に認識していなくても認識し得る状況にあった場合には過失が認められたり，予見可能性があると認められて損害賠償責任を課されることがありますので，副業・兼業の場合も，それぞれの企業でその勤務状況をきちんと認識・把握できるようにして，健康を損なわないような予防と配慮措置を講じておくことが必要だと思います。

メンタルヘルス不調と上司等の監督責任

（📖 884頁，890頁～）

① 部下が上司からのパワハラで精神障害を発症した場合，上司と会社に加え，人事担当役員，部下の所属する部門の担当役員も，被告として損害賠償請求の対象となるのでしょうか。

② 逆に，上司が部下からのパワハラ（いわゆる逆パワハラ）で精神障害になった場合は，部下と会社に加え，上司の上司，人事担当役員等を被告とすることができるのでしょうか。

③ 勤務状況を観察していてメンタルヘルス不調があるのではないかと感じるようになった場合，会社は本人に対し，精神科医への受診を含めて具体的な指示をすることができるのでしょうか。指示できる場合，その指示は上司がしてもよいのでしょうか，それとも人事部門が行うべきでしょうか。

役員については，監督責任を適切に果たさなかったことが不法行為に当たるとされることがあります。福岡セクシャル・ハラスメント事件（📖 294頁・注87）では，専務がセクハラの存在と確執を知りながら被害者の退職という犠牲において職場関係を調整しようとした点に不法行為がある（専務も不法行為責任を負う）とされましたが，これは役員自身が対応を誤って被害者の損害を大きくした点に問題があったケースです。このような具体的な状況がなければ，役員の監督責任は懲戒処分として問われることはあっても，不法行為損害賠償請求として責任を問われることは稀ではないか（主として損害賠償責任を負うのは加害者と使用者である）と思います。

メンタルヘルス不調の可能性がある従業員に対し，病院の受診や健康への留意（業務の軽減等）を指示することは安全配慮・健康配慮義務の１つとして重要ですが，プライバシーの問題もありますので，精神科医への受診を具体的に勧めることには慎重であったほうがよいと思います（特に医療従事者でない上司や人事部門の人は）。

23 年少者の保護

成年年齢の18歳への引下げと労基法の年少者規制

(📖 895頁〜)

2022年４月から成年年齢が20歳から18歳に引き下げられたことにより，労基法の年少者に関する規定が変わる点はあるのでしょうか。

労基法は，労働契約の締結（58条）と賃金請求（59条）で「未成年者」という言葉を使って，その親権者・後見人からの保護を図っています。民法改正でこの「未成年者」の範囲が，20歳未満（ただし20歳未満で婚姻した者を除く）から18歳未満（婚姻適齢が男女とも18歳とされたことにより未成年〔18歳未満〕では結婚できなくなった）に変更されたことにより，労基法上の未成年保護の規定（58条・59条）も，2022年４月から18歳未満の者に適用されることになりました（📖 895頁・注４）。

24 女性の保護（母性保護）

育児時間の保障に例外は認められないのか

（📖 908頁〜）

出産した女性の中には，育児休業をとらずに，産休後すぐに復帰して働く人もいます。その女性を通常の勤務に就ける際に時々問題となるのが，育児時間（労基法67条１項）です。労基法は，１歳未満の生児を育てる女性が請求した場合には１日２回少なくとも30分の生児を育てるための時間を認め，その時間中はその女性を使用してはならないとしています。しかし，女性が子どもを職場に連れてきて育てているわけではないですし，業務によってはこの育児時間のために女性を産休前の業務（例えば３時間から４時間の連続勤務）に復帰させることが難しくなっています。業務内容によっては労使協定等で例外を認める余地はないのでしょうか。

労基法上の育児時間は，確かに「生児を育てるための時間」と書かれていますが，これは実際に子どもを伴って授乳をする時間だけではなく，搾乳等を含め様々な世話をするために要する時間を指すと解されています。現行の労基法上は，該当する女性からの請求があれば例外なく保障しなければならない（当該時間中は使用してはならない）ものとされていますので，この条文の趣旨と文言に即した対応をしてください。

25 育児・介護等の支援

産後パパ育休取得率の公表について

（📖 925頁）

取得率が高い企業が評価される世論の流れがある一方で，育休取得しなくても育児も仕事も両立できる環境を整備している会社は，必然的に取得率が低くなってしまい，本来得られるべき評価が埋没してしまうおそれがあるのではないかと思慮します。

公表の目的が育児を行う労働者の支援をどれだけ各企業ができているかという意味であれば，この産後パパ育休の取得率の公表は１つの側面からしか判断してないため，かえって，誤った判断を誘引しかねないと思うのですが，それでも公表を企業に求める意義はどういった点にあるのでしょうか。

産後パパ育休だけではなくて，女性の育休も含めて，本当に育児休業を多くの人が取る，長い期間取ることがよいことなのかどうかが，実は大きな問題で，おっしゃっていることには私も共感するところが大きいです。フランスでは，育児休業を１年も２年も取ったら収入がなくなるし，仕事のブランクも長くなってキャリアが中断してしまうので，基本的には女性も産休だけで復帰するか，育児休業を取るとしても生後６か月で戻ってくることが普通の状況になっていて，かつ，フランスでは男性の育児休業の取得を義務付けて，女性と男性の差をなくそうとしています。

日本ではまだまだ状況が遅れていて，育児休業を取りたくても取れないという人がいたり，正社員の労働時間が長いので育児休業を取らずに復帰して子育てと両立するのが難しいという状況の中で，まずは，育児休業の取得率を公表させて，育児休業を取りやすい環境を作っていって，みんなが気兼ねなく育児休業を取れるようになることを目指している段階といえるかもしれません。この点で，みんなが育児休業を取れるという状態になったら，その先の最終的なゴールは，子育てしたいという人は育児休業を取ってもいいし，普通にキャリアを展開したいという人に対しては，希望する人には0歳児から子どもを全員保育園に預けることができて，女性も産休だけで仕事に復帰できるし，男性も女性の産後休業と同じくらいの育児休業の取得を義務付ける。さらに，保育園だけじゃなくて，フランスは法定労働時間が週35時間で，フルタイムで普通に勤務しながら，男性も女性も保育園への送り迎えができるという状況にあるので,日本も残業が基本的になくなって労働時間がノーマルになれば,男性も女性もフルタイムで働いてキャリアを転換しながら子育てもすることができるかもしれない。日本はまだまだその前の段階にあって，本来の意味での仕事と生活の両立を可能とするための基盤が整っていない状態にある。そのような状態から抜け出すためにも，やはり最大の課題は，労働時間を短くする，基本的に残業をなくすということにあるのではないかと思います。

138 ★★ 有期雇用労働者の産休・育休期間中の雇止め

（📖 930頁〜）

産休・育休等の取得を理由とする不利益取扱いの禁止の中に，雇止めが入っています。例えば，１年の有期労働契約を締結し，更新していないその期間内に妊娠して産休・育休に入る従業員の場合，まだほとんど実績を上げていないため，人事評価が低いことを理由に雇止めをすることはできるのでしょうか。会社としては，人事評価が低いということをしっかり準備しておけば，雇止めすることは可能であると考えてよいですか。

例えば，育介法10条で禁止されているのは育児休業の申出または取得をしたことを理由とした不利益取扱い（雇止め等）なので，育児休業を取得していなくてもその労働者を雇止めしたであろうことを，会社として主張・立証できることが必要になります。同様の人事評価の有期契約労働者が１年目で雇止めされていて，育休を取った労働者も，育休を取ったからではなく他の人と同じ状況で雇止めされたと言えるような場合には，育休取得を理由とする雇止めではないと言える可能性がありますが，他の労働者は１年目で雇止めされることはなく，人事評価もきちんとされていない（または人事評価をしているがその評価と雇止めの関連が明確でない）ような場合には，やはり育休取得を理由とする雇止めと判断される可能性があります。有期契約労働者が育児休業を取ったときには人事評価が低いという準備をしておこうという発想そのものが，育児休業を理由とする取扱いということにもなります。

139 ★★ 賞与支給に関する不利益取扱い

（📖 934頁～）

賞与支給に関する育児休業等の不利益取扱い（📖 934頁～）についての質問です。育児休業等の欠勤を，出勤率要件で欠勤扱いするのは違法である一方，減額根拠として欠勤扱いするのは適法であるという２つの解釈が一貫性をもつものなのかが，よく理解できませんでした。仮に１年全体が育児休業等であった場合，出勤率要件で出勤扱いしても，１年すべてが減額根拠となるため，金額算定で賞与を０円とするのが許容されると考えてよいのでしょうか。

はい，そうなると思います。判例によれば，これは法の趣旨に基づく公序良俗違反の判断で，権利行使に対する抑制力が大きいかどうかが判断のポイントとなります。例えば支給要件としての８割出勤の点で欠勤扱いするとすぐに要件を欠き不支給となってしまうのでこの点では抑制力が大きい，しかし支給額の点で比例算定することは比例的に額が減るだけなので抑制力はさほど大きくない（例えば８割出勤要件で３割育児休業をとっていた場合，出勤要件で欠勤扱いを認めると８割出勤要件を欠き支給額ゼロになってしまうので抑制力は大きいが，支給額の比例算定であれば３割育児休業をとっていてそれが欠勤扱いされたとしても７割は支給されるので，この場合は抑制力が大きいとは言えない）という判断です。確かに，１年全部育児休業をとっていれば，支給要件で出勤扱いしていたとしても支給額はゼロになってしまいますが，この場合，基本給もゼロになりますし，これは育児休業を有給保障にしていないことの帰結と言えます。

26 外国人雇用

外国人労働者受入れ政策の方向性について

（📖 945頁～）

外国人労働者の受入れ政策について質問します。外国人技能実習制度は，我が国が先進国としての役割を果たしつつ国際社会との調和ある発展を図っていくため，技能，技術または知識の開発途上国等への移転を図り，開発途上国等の経済発展を担う「人づくり」に協力することが目的とされています。私自身，この制度は，発展途上国の経済発展を理念としたものと認識していました。しかし現在は，減少する労働力の補填との意味合いも有するのではないかと感じられます。2022年２月に経団連からも「2030年に向けた外国人政策のあり方」との提言が出ており，また，外国人労働者に永住権を与えることは移民受入れ政策にも通じるとの意見もあるようです。外国人労働者受入れ政策の今後の方向性について，ご意見を伺えれば幸いです。

どの国でも外国人労働者問題については，外国人の人権保障，国際協力，自国の経済発展，自国民の雇用確保，治安の維持等を考慮して，複合的な政策をとっています。日本は島国ですので，陸地で隣国と接しているヨーロッパ各国とはその重点の置き方や背景事情も異なっています。相対的な比較の問題ですが，日本のこれまでの政策では自国の事情が重視され，外国人の人権保障が十分に行われてこなかった経緯があります。これからは，外国人の人権保障を相対的に重視する政策に転換していってほしいと思います。

特定技能制度による外国人受入れの拡大方針について

（📖 952頁〜）

特定技能２号について，受入れ拡大が検討され，政府は「大移民政策」にかじを切るのではという不安の声が上がっています。闇の多い問題だと思いますが，この点についてどのような意見をおもちでしょうか。

急な受入れ拡大により人権問題や治安問題が発生することを回避することは必要だと思いますが，自国民の都合や利益を最優先して外国人の正当な権利や利益を抑制する政策は，国際的な理解や説得力を失っていくのではないかと思います。欧米諸国の中には，外国人受入れに対する反動として極右勢力の台頭もみられますが，その反動を知性や理性で抑えようとする動きがあることにも注目すべきだと思います。

外国人労働者への社会保険の適用

（📖 955頁〜）

外国人労働者への法令の適用について質問です。「厚生年金保険は外国人労働者について，適法か否かを詮索せず適用される一方，健康保険は不法就労外国人については使用関係が不安定であるため被保険者資格を認めないのが実務である」とあります（📖 955頁）。法の趣旨から考えると，どのような対応が適切なのでしょうか。

不法就労かどうかと，セーフティネットとしての健康確保は，法的に別のものですし，使用関係が不安定かどうかも基準としては曖昧で，就労者本人の責任ではないことも多いので，一般法と同じ基準で対応する（不法就労であることについては健康保険等とは別のところで規律する）ことが適切ではないかと私は思います。

なお，健康保険および厚生年金保険の被保険者該当性について（日本人か外国人かを問わない一般的基準として），かつては，通常の就労者の所定労働時間および所定労働日数の「おおむね４分の３以上」との課長通知がありましたが，2012年の年金機能強化法および2020年の年金制度改革法による健康保険・厚生年金保険の適用範囲の拡大に伴い，適用除外される短時間労働者は週所定労働時間が20時間未満（小企業労働者は通常の労働者の４分の３未満）とされ，「おおむね」のとれた所定労働時間の明確なラインが設定されています（健康保険法３条１項９号，厚生年金保険法12条５号）。

26

外国人雇用

27 障害者雇用

障害者法定雇用率確保のための対応について

（📖 964頁～）

近年，法定雇用率を遵守した数の障害者を企業が雇用しようとする際に，提供できる業務の範囲が狭く，結果として本業と全く異なる農業などの業務に委託して従事してもらうケースがあると聞きます。

こういった障害者を受け入れた企業が，本業と異なる委託先の業務に従事してもらうことにつき，本来の制度趣旨と異なるとして今後見直しをされる予定や可能性はあるのでしょうか。

日本の障害者雇用促進法の重要な特徴として，障害者と障害者ではない人を別に取り扱うことを日本では認めています。特例子会社制度で，特例子会社を作ってそこに集めて，企業グループで数をカウントすることを認めたり，最低賃金に特例を認めたりしていますが，そもそも，そういう別扱いをすること自体が差別であるとも言えるわけです。諸外国では法定雇用率を満たすときにも，障害をもたない人と同じように取り扱うこと，最低賃金についても例外なく一般の最低賃金を適用すること，同じ職場で障害のない人と同じように受け入れること（ノーマライゼーション）を重視して，差別なく障害者の雇用を促そうとしていますが，日本ではまだ別扱いを許容しながら雇用数を増やしていこうという政策がとられていて，その発想がまだ欧米諸国とは違っています。そういう中で，障害者の雇用率が高まり定着していったら，次は日本でもノーマライゼーション，障害をもたない人と区別のない雇用や社会の実現を図っていくことが法制度として必要ではないかと思います。

28 知的財産・知的情報の保護

144 退職後の競業避止特約について

（📖 987頁～）

退職後の競業避止特約について，テキスト989頁・注34のアサヒプリテック事件では，「会社との取引関係のあった顧客を従業員に奪われることを防止するということのみでは，競業避止条項に合理性を付与する理由に乏しく…」と書かれていますが，例えば，社労士事務所に勤務している社会保険労務士が退職するにあたり，社労士事務所の顧客を奪われないために，「退職後２年間は，当事務所の顧客事業所に対し，営業行為および競業行為を行うことを禁止する」との競業避止特約を結ぶことは問題ないでしょうか。

自分が競業行為をしないことと同時に，例えば引抜きで従業員を一緒に連れていくこととか，場合によってはお客さんを連れていくこともありますが，これは自分の職業選択の自由であり，例えば同僚の職業選択の自由であり，顧客にとっても営業の自由の問題でもあるので，基本的にはそれぞれ原則として自由であるけれども，会社の営業の利益を守るという観点から競業避止特約によってこれらの自由にどこまで制約をかけることができるかというと，期間，場所，職種，代償措置等の点を勘案して合理的な範囲の制約であれば許されると解釈されています。この観点からすると，２年という期間はちょっと長いような気がしますし，職種や対象は限定されていますが，代償措置も特にないということであれば，合理的な範囲の制約といえるかどうかはかなり微妙ではないかと思います。

<参考>テキスト988頁
競業避止特約について

合理的範囲の確定にあたっては，①競業制限の期間，②場所的範囲，③制限対象となる職種の範囲，④代償の有無等を基準に，ａ使用者の利益（企業秘密の保護），ｂ退職労働者の（不）利益（転職，再就職の不自由），ｃ社会的利害（一般消費者の利益）の３つの視点に立って慎重に検討することを要するとしている。

145 競業避止の特約を就業規則に載せるのは有効か

（📖 987頁～）

競業避止の特約を就業規則に記載しても，単に年数のみで，他の条件の記載はありません。この条文が無効なのは理解できますが，そのような条文を就業規則においておくことについては，問題はないのでしょうか。単に紳士協定として入れておく程度なら問題ないでしょうか。

就業規則は，原則として「就業」している期間，すなわち労働契約が存続している期間に適用されるルールであって，退職した後には適用されないと解釈されていますが，例外的に退職後に適用される定めもなくはないと言われています。そういう状況の中で，退職後に適用されることを想定した競業避止特約については，個別の契約書で締結しておいたほうが企業にとっては安全ですが，就業規則の中に在職中と退職後を含めて競業避止について規定を定めておくことに全く意味がないというわけではありません。確かに，期間，場所，職種について限定がなく，代償措置も定められていないような競業避止特約を定めても公序良俗違反で無効となるので，これらの点で労働者の職業選択の自由を過度に制約しない規定にすることに注意しつつ，ルールを明確に定めておくことが大切なのではないかと思います。

不法行為としての損害賠償請求について

（📖 991頁）

判例では，退職後の競業を制限する規則や特約がない場合には，退職者が同業他社を通じて使用者の取引先と取引を開始したことについて，元使用者の営業秘密を用いたり，その信用をおとしめるなどしていないため，競業行為が社会通念上自由競争の範囲を逸脱しておらず，不法行為に当たらないとした事例があります。このような事例を考えると，有効性はともあれ，とりあえず退職時には競業避止契約を締結しておいたほうがリスク回避になると思うのですが，いかがでしょうか。例えば，企業の利益保護の観点から，職歴の浅い社員の退職の場合であっても，引抜き禁止の誓約を取っておくことなどが考えられます。

特約がある場合には公序良俗違反になるかどうかという点で特約の有効性が問題になりますが，特約がないときに何もできないかというと，例えば企業にとっては営業の利益が不法行為の被侵害利益になり得るので，会社は契約がないところでも不法行為として損害賠償請求をすることができる場合があります。

判例として，質問の中でおっしゃっている三佳テック事件判決という最高裁の判断があります（📖 991頁・注43）。この最高裁判決は，高裁判決で違法とされた判断を覆して，これは自由競争なんだと，例えば会社の信用をおとしめるような不当な方法で営業活動を行った場合は自由競争の範囲を逸脱した不法行為と言えるかもしれないけれど，そういう不当な方法でなければ自由競争であって不法行為にはならないんだと述べています。この判例からすると，競業避止特約がない不法行為の判断の場合はやはり自由競争が認められやすく，そういう意味では競業避止特約を締結しておいたほうが会社にとっては安全と言えるかもしれません。しかし，競業避止特約が万能かというと，こちらでも労働者の職業選択の自由を制約しすぎる場合には公序良俗違反で無効と解釈されている点には注意が必要です。やはり，過度な制約にならないように注意しつつ，競業行為のルールを明確に定めて置くことが重要ではないかと思います。

29 労働関係の終了

解雇の「無効」と「違法」

（📖 1007頁）

基本的な質問です。労契法16条のいわゆる解雇権濫用法理の２要件（①客観的合理性，②社会的相当性）については，②の予見可能性が低く，①との乖離があるような気がして，社会保険労務士としては，手を出しにくい分野だと認識しています。また，要件を満たさない解雇が「無効」となる結論も当事者にとってわかりにくいと思います。解雇事由の例外として，①，②が認められない解雇は「禁止する」「違法とする」といった法整備は難しいということなのでしょうか。難しいのであればその理由は何でしょうか。

実際には，裁判所は，客観的合理性と社会的相当性を区別しないで,全体としてダメなときには客観的合理性も社会的相当性もない，全体としてＯＫな場合には，客観的合理性もあって社会的相当性もあるという判断をしていることが多いんです。ですので，学説上は①と②を分けて説明していますが，裁判所はこの２つをあまり区別していません。

そして日本では，解雇無効という効果が発生するものとされていますが，なぜ解雇無効になったかというと，解雇理由に関する具体的な法律規定がなかった中で，裁判所が民法の権利濫用（民法１条３項）を借りて解雇権濫用法理を形作っていって，権利濫用の法的効果は基本的に「無効」なので，権利濫用の解雇は無効という法理になっていったのです。諸外国では，解雇無効・原職復帰という救済方法と解雇違法・補償金支払いという２つの法的効果が用意されていることが多いのですが，日本でも，前者に近いものとして解雇権濫用法理，後者に近いものとして不法行為・損害賠償請求の２つがあります。例えば，フランスでは，差別的解雇とか手続違反の解雇の場合には前者の解雇無効・原職復帰が認められていますが，それ以外の違法な解雇は後者の補償金支払いの問題になります。これに対し，日本では，解雇無効の解雇権濫用法理も，解雇違法の損害賠償請求も，解雇のタイプの制限なく広く利用することが認められていて，実際には解雇された労働者がどちらの請求をするか選ぶ，その中でより大きな救済が得られることが多い解雇権濫用法理が選ばれることが多いという構造になっています。その意味で，日本の解雇法制の大きな特徴は，解雇の金銭解決に類する解雇違法・損害賠償請求という方法も用意されているけれども，解雇権濫用・解雇無効という方法が広く認められていて，その方法が利用されることが多いという点にあるといえます。

<ポイント>テキスト1006頁～
解雇権濫用法理（労契法16条）

S40年代，下級審裁判で民法１条３項の権利濫用が使われて広がっていく。
S50年に最高裁でも解雇権濫用法理が示された。
<日本食塩製造事件>テキスト1006頁・注48

○要件と主張立証責任（誰が立証するのか）
【要件】
・客観的合理性
・社会的相当性
規範的要件

抽象的な要件に対しては，労働者・使用者がそれぞれ自分にとって有利な理由を述べる
⇒裁判官が双方の主張を聞いて規範的要件を充たしているか判断する

○合理的理由は３つ
a．労働者の労働能力の欠如
b．労働者の規律違反行為
c．経営上の必要性

私傷病による能力の低下と解雇の合理性

（📖 1010頁～）

入社後に私傷病で障害者となった労働者について，採用した職種では業務ができず，かつ他に適当な職種がない場合，就労不能判断で解雇することはできますか。障害者差別禁止，合理的配慮の提供について，どの程度まで考慮しなくてはならないのでしょうか。

まさに解雇権濫用法理で，回復可能性の考慮や解雇回避措置の履践が求められる問題だと思います（📖 1009頁～）。また，おっしゃるように障害者雇用促進法で障害の特性に配慮した必要な措置（合理的配慮）を講じることも事業主に義務付けられており（📖 970頁～），使用者による合理的配慮の有無等が解雇権濫用の判断の中でも考慮されています（📖 974頁～）ので，個別の事情を考慮した必要な配慮を行って，できる限り雇用を維持する努力をしてください。

継続雇用の高齢者から整理解雇することの可否

（📖 1017頁～）

整理解雇をする場合，継続雇用の高齢者から行うということは問題があるでしょうか。

整理解雇法理の第２の要素である解雇回避努力や第３の要素である人選の合理性の問題になります。これまでの整理解雇法理でも，アルバイトや短時間社員など雇用継続の期待が相対的に低い労働者を優先的に人員整理の対象とすることは必ずしも不合理とは言えないと判断されることがありましたが，解雇回避努力を尽くす中で，無期契約の若年・中堅層より，既に定年年齢を超え有期契約で雇用している継続雇用社員の方が雇用継続の期待が小さいと言えるような事情がある場合には，継続雇用社員を優先的に人員整理の対象とすることもただちに不合理とは言えないかもしれません。もっとも，継続雇用社員の解雇・雇止めに対しても整理解雇法理は適用・類推適用されますので，人員削減の必要性，解雇回避努力，人選の合理性，手続の妥当性等をきちんと尽くして誠実に対応することが必要になります。いずれにしても，事案に基づく個別の判断になりますので，雇用継続の期待の大小も含めて，実態に基づいた判断と対応をすることが重要です。

<ポイント>テキスト1015頁～
経営上の必要性を理由とする解雇（整理解雇）

○合理的理由と社会的相当性をより具体的にした【４要件（要素）】

① 人員削減の必要性：会社の経営判断を尊重している
② 解雇回避努力：企業サイズでできる限りのことをやる
③ 人選の合理性：恣意的な人選はダメ
④ 手続の妥当性

150 ★ 解雇回避努力の判断要素について

（📖 1018頁～）

解雇回避努力の判断要素の１つに「非正規労働者の雇止め・解雇をしたかどうか」という点があげられていますが，これは，正社員をどう保護するかという観点で考えられているものと思慮します。

そうなると，昨今の日本型雇用システムの脱却を図ろうとする国の様々な政策の方向性に鑑みると，この判断要素はなくなるのでしょうか。非正規労働者の雇止めにも解雇権濫用法理が類推適用され，正社員と同様の基準が求められている中で，この要素をこれからも維持するのは難しいのではないかという気がしています。

1つは正規・非正規だからというので，非正規をステレオタイプに，まず非正規から優先的に整理対象にしますよということは通用しない世の中になってきているように思います。この点を，法律的に考えると，例えばパート有期法8条で不合理な待遇の相違を禁止していますが，その不合理な待遇の中に雇用保障も入るという解釈をすると，短時間・有期雇用労働者と通常の労働者を比較した場合に，雇用保障に相違を設けることが不合理といえるかどうかの不合理性の判断の問題になります。その点で，様々な点を考慮した選考を経て期間の定めのない契約で長期雇用を想定して採用しているいわゆる正社員と，簡易な手続によって期間の定めのある契約で必ずしも長期雇用を想定しているわけではない契約社員との間で，雇用継続の期待の点で相違があるとすれば，その雇用継続の期待の違いに基づいた雇用保障の相違というのは不合理でないと判断される可能性があります。この点は，いずれにしても個別の判断になりますが，およそ無期雇用と有期雇用の間で雇用保障の相違を設けられないかというと，実態に基づいた理由があれば不合理ではないと解釈されるのではないかと思います。

その意味で，整理解雇法理の解雇回避努力や人選の合理性の中で，短時間・有期雇用労働者の解雇・雇止めを正社員の解雇よりも優先して行うということを，ステレオタイプに容認して維持していくのは難しいかもしれませんが，個別の事情に応じた選択としては，そのような判断や対応が行われることは今後もあり得るのではないかと思います。

151 外資系雇用慣行と整理解雇について

（📖 1022頁）

外資系の企業であっても，引き続き日本では整理解雇の法理が適用され続けるのでしょうか。長期雇用を前提とした日本的雇用慣行の判例法理がもとになっているため，そもそも高待遇で，労働者自身が転職を繰り返すことでキャリアアップしていくような外資系の雇用慣行の企業に，4要素の厳格な適用をすることに違和感がありますが，いかがでしょうか。

整理解雇法理の適用の中で，日本的雇用慣行をとっていない外資系の企業については，解雇回避努力や人選の合理性等の点で実態に応じた柔軟な解釈を行っている裁判例もあります。もっとも，第1の要素である人員削減の必要性については，日本の裁判所は，赤字でない企業の攻めのリストラとしての人員整理＝解雇は容易に認めない傾向にあり，外資系の企業でもその点はこれまでは同様に判断されているので，その点での硬直性を訴える声はなくはありません。

この点は違和感なのか。日本で経営している以上，守るべき強行的なルールなのか。日本の整理解雇法理自体が（外資系企業か否かを問わず）柔軟に変わっていくのか。整理解雇法理自体は，権利濫用法理を根拠にした柔軟性をもった一般法理なので，その解釈のあり方は今後の展開にゆだねられていると言えるかもしれません。

152 解雇の金銭解決制度について

（📖 1027頁〜）

厚生労働省から「解雇無効時における金銭救済制度」という形で検討会の報告書が一昨年提出されたかと思います。こちらについては，今後どのような流れになっていくのでしょうか。

私が認識する限りでは，解雇の金銭解決制度については，立法化に向けて急いで検討が進められているという状況にはなっていないと思います。政府としては，現在，新しい資本主義実現会議の三位一体労働市場改革で，「リスキリング」，「職務給の導入」とともに，「労働移動の促進」が図られていますが，この「労働移動の促進」では，基本的には労働者の自発的な転職を促すことが念頭に置かれていて，リスキリング（学び直し）を行いながらより生産性の高い企業や職業に労働者が転職することを積極的に促していこうという方向で政策が展開されています。この改革の中で，会社がお金を払って解雇や雇止めをできるようにしようという話にはなっていませんので，解雇の金銭解決制度についてはさらに時間をかけて議論を続けるということになるのではないかと思います。

153 ★ 退職の予告と退職金減額規定の有効性

（📖 1033頁～）

就業規則で退職を希望する者は１か月前までに退職の申出を行うというルールになっています。やむを得ない理由がないのに，１か月以上前に退職の申出がない場合は，退職金支給額を50%とするという明記もあります。やむを得ない理由が何に当たるか問題になりそうですが，このような退職金のルールは有効でしょうか。

この規定自体，退職予告期間を14日を超えて定めた部分は無効になります。退職金については，基本的には退職金の減額・不支給規定があった場合に，その規定の合理性と，功労の減殺の度合い等に応じた同規定の限定解釈の問題になりますが，１か月以上前に退職の申出をしないと退職金額を50%にするという規定自体，合理性のないものとして無効になる可能性が高いですし，功労の減殺の度合いに応じた限定解釈の点でも有効に適用される可能性は低いと思います。法律や人事労務管理の専門家として適切な助言や対応をすべきだと思います。

154 自主退職を勧奨しようとする企業が多い

（📖 1039頁〜）

中小企業で解雇が行われているかというと，解雇にはリスクがつきものという認識が強く（多くの中小企業は「解雇ができない」と思っています。できないことはないのですが，そういった認識が広まっていると感じます），退職勧奨をして自主退職をさせようとする企業さんが多いです。解雇をすると，一定期間，助成金の活用もできないので，どう相談に乗っても勤務を継続することが難しい方についても，解雇ではなくなんとか自主退職へもっていこうとして対応が大変です。

解雇をしないという選択肢自体は良いことかもしれませんが，自主退職も自由意思の形成を妨げる場合にはそれ自体が違法と判断されて損害賠償の対象になりますし，最近は，自由意思の不存在や錯誤，詐欺・強迫として退職の意思表示の無効・取消しを肯定する裁判例も増えています。そのような違法または無効とされる退職勧奨のプロセスの中で社会保険労務士の方が関与されていた事案も見受けられます。法律や人事労務管理の専門家として，適切な対応をお願いします。

30 高齢者・若者雇用

高齢化と日本の労働政策の方向性

(📖 1051頁～)

個別の法律についての質問ではありませんが，日本の人口ピラミッドで確認すると，約10年後の2035年では，60～64歳をピークに「そろばん玉」のような人口構成になります。人口＝選挙における票田と考えれば，その世代の利益を優先する政策や法律が優先されると考えられますが，10～20年後の労働政策・労働法制はどのようなものになるのでしょうか。2045年のグラフを見ると，ほとんど逆三角形に近くなり，何か恐ろしいことになるのではないかと心配になります。

アメリカでは高齢化が進む中，1967年に高齢者の団体であるアメリカ退職者協会（American Association of Retired Persons）の運動（政治活動）によって，雇用における年齢差別禁止法（ADEA）が制定されました。日本でも，高齢化が進む中で年齢差別禁止法が制定される方向に向かうのは自然な流れですが，実際に10年後，20年後にどうなるかは予測できません。方向性としては，人間の属性（年齢，性別，国籍，家族構成など）や働き方の形態（時間，場所，雇用・就業形態など）にとらわれず，多様な人々がその潜在能力を発揮できるような方向に実態は変わっていき（そうしないと人口減少傾向や世界のグローバルな変化についていけません），法制度もそれを促進する（その弊害を取り除く）ものに変わっていくのではないかと思います（「働き方改革」はその出発点です）。

雇用差別の禁止と高齢者雇用

（📖 1051頁〜）

本書の「9　雇用差別の禁止」で年齢による差別は，EUでは，正当な理由があれば例外設定ができるようですが，アメリカではどのような対応をとっているのでしょうか。日本のように少子高齢化の問題に直面してないとは思いますが，諸外国では高齢者の就業機会をどう確保しているのでしょうか。

アメリカ年齢差別禁止法が1967年に制定され，ヨーロッパでもEU加盟国で年齢差別禁止法が2000年以降，EU指令に基づいて整備されていきましたが，年齢差別については，他の差別とは少し違って，雇用政策上合理的な理由があれば例外が認められるという留保が付けられていることが少なくありません。アメリカでは，原則として定年制は違法とされていますが，一定の要件の下で早期退職勧奨をすることは認められ，年齢差別禁止法に違反しないとされています。一定の要件とは，早期退職に対する経済的補償をし，本人が明確に合意しているという点で，その要件を充たす場合には例外として適法とされています。ヨーロッパでは，満額年金をもらえる年金の支給開始年齢で退職するという制度，例えば65歳が満額年金をもらえる支給開始年齢だとすれば65歳で退職とするという一種の定年制に近い制度は年齢差別禁止の例外として認められるという暫定的な措置をとっている国も少なくありません。その背景には，ヨーロッパでは若年の失業者が多い中で，満額の年金をもらえるようになったらその時点で退職して若年者にポストを明け渡すことが，若年者の雇用確保という雇用政策上の要請から求められるという事情があります。このような雇用政策上の理由から例外を認めるという点が，年齢差別禁止法の１つの特徴といえるかもしれません。

これに対し，日本では，若年失業者がヨーロッパほど多くなく，高齢者の就業意欲がとても高いので，定年制や高齢者雇用をめぐる意識とか社会の状況は，欧米諸国とは少し違っていると言えるかもしれません。

157 高齢者の雇用継続制度の展望

（📖 1054頁～，1343頁）

高齢者の継続雇用制度について，ある金融機関では，55歳役職定年時に給与水準を約４割削減し（退職勧奨に応じていったん退職願を提出，５年有期で再雇用），60歳定年退職時にさらに約４割削減したうえ，継続雇用（１年契約を更新）に入ります。結果的に，継続雇用者の給与水準は55歳時点に比べて約３分の１となり，28万円の壁に限りなく近づくよう制度設計されてきたものと思います。2022年４月から施行された65歳未満の在職老齢年金の支給停止額の改定（28万円→47万円〔2023年４月から48万円，2024年４月から50万円〕）があまり周知されていないとのご説明でしたが，65歳未満への老齢厚生年金の標準的な支給が段階的に廃止されていくため，今回の制度改正の対象者が少ないと思われているせいか，確かに2022年４月のタイミングで雇用・給与制度を改正する企業は多くはないようです。一方，長期的に形成されてきた60～65歳世代の「28万円水準」に手を加える大手企業も出始めており，その多くは該当世代の働き方を変えてもらうよう定年延長の枠組みの中で検討がされていることは，高年齢者の雇用拡大の趣旨に合った方向性と理解しています。参考になる統計資料等がありましたらご教示ください。

貴重な情報をありがとうございます。確かに，大手企業等の中では，65歳定年制に切り替えて，60歳から65歳までの賃金カーブを滑らかなものにする（60歳で急に下がるようにはしない）制度改正を行っていくところが出てきているようです。これからはこのような動きが広がっていって（かつて55歳から60歳に定年延長されたときも，賃金カーブについて同様の動きがありました），そのうち，65

歳定年，65歳から70歳まで継続雇用（就業）というかたちが一般的になっていくのかもしれません（現在の制度が５年後ろにずれるようなかたちに近いでしょうか）。

2024年３月に発表された「令和５年賃金構造基本統計調査」によると，大企業では，35～54歳層の賃金額が前年より減少し，55～69歳層では増加するという傾向がみられます（中企業や小企業ではどの年齢層も賃金額は前年比で増加しています）。この点は，年功による賃金カーブが（55歳の役職定年までは）急であった大企業が，そのカーブを55歳以降も滑らかなものにしていこうとしている動きを部分的に反映したものといえるかもしれません。

158 ★★★ 高年齢者就業確保措置における「業務委託」の位置付け

（📖 1060頁～）

65歳から70歳までの高年齢者就業確保措置の中に「当該高年齢者の希望により，新事業を始める高年齢者と業務委託契約を締結し，就業を確保する措置」が含まれていることに，どうしても違和感があります。業務委託契約と雇用契約とを峻別する方法の１つに独立性の有無があり，１つの事業所からの報酬が保障されており本人がリスクを負担していない場合は，裁判で労働者と認められるケースがあると思います。高年齢者就業確保措置では一応，「当該高年齢者の希望により」という条件は付いていますが，労働者性の判断については当事者の意思は関係ないはずですし，「事業を始めれば仕事がもらえる，そうでないなら退職」という二択になれば，特に自営業者としてやっていく気がなくても事業を始めることにする人は多いと考えられるので，この条件はあまり意味をなさないと思います。同じ「労働法」という括りの中でこのような矛盾が生じているのが不思議なのですが，どのように考えるべきでしょうか。

難しい問題ですね。高年齢者雇用安定法上の就業確保措置（その中で「業務委託」と位置付けられること）と労基法・労契法等の「労働者」性は，理論的には別物だと考えたほうがよいと思います（概念の相対性）。高年齢者雇用安定法上は，就業形態の選択肢を増やすために，雇用だけでなく業務委託も選択できるものとしつつ，確かに個人同意は決定的なブレーキにならないので，労使協定を要件として，過半数組合や過半数代表者に業務委託を認めるか否かの選択権（ブレーキを踏む役割）を事実上与えたと言えます（過半数代表が機能していない事業場ではここでもブレーキが利かないかもしれませんが）。もっとも，この高年齢者雇用安定法の枠組みで「業務委託」が選択されたからといって，これが実態としても「業務委託」であり「(雇用）労働者」には当たらないとする制度的な保障はありません。形式は「業務委託」であっても，実態が「(雇用）労働者」であれば，最賃法，労基法，労災保険法等の労働関係法規の適用を受ける（最終的には裁判所が労働者と認定して保護を与える）という事態は少なからず生じてくるかもしれません。みなさんは現場目線で厳しくチェックしてください。

第 3 編

集団的労働関係法

◆◆◆

31 労働組合

159 ★★ 労働組合のない中小企業での社会保険労務士の役割

（📖 1081頁～）

労働組合や労働法制のあり方について，全般的な意見と質問です。労働組合のない職場において，労働者過半数代表者を選出・運営するために会社側の負担が小さくないことについては，本講義への質問でも様々な意見・感想が寄せられ，実態に見合った労働法制が必要とのご意見もありました。私の経験した事例では，ある大手企業では親会社には「職員組合」という名の労働組合がありますが，子会社（1000人規模）には労働組合がなく，子会社人事部が取りまとめ部署となって，労働者過半数代表者の選出・運営が行われています。人事制度自体は，給与水準を除けば大半が親会社のコピーですが，例えば産休・育休取得中の者を次年度の昇級・昇格対象から除外する等，親会社では法令遵守の観点から廃止された制度運営が，子会社では迂闊にも会社内規として残っているような事態も生じていました（意図的ではないと思いますが）。労働組合を通じた労働者側の主体的なチェックの必要性を感じる反面，現在の我が国で労働組合運動が急速に広まることは考えにくく，労働基準監督署等の行政機能拡充にも予算・体制面等の制約がある中では，労働者の権利保護の観点から，労務監査等の制度を普及・充実させ，社会保険労務士がその一翼を担うことが期待されているようにも感じます。ご意見をお聞かせいただければ幸いです。

同感です。もちろん，労働組合が大企業だけでなく，中小企業にも広くいきわたって自主的・能動的な活動を展開することが期待されますが，現実にはそう楽観的な展望をもってばかりはいられないとすれば，労働組合のない中小企業のコンプライアンスを高めるとともに，企業の経営方針と労働者の利益・働きがいの好循環を図るための仲介役となる専門家として，社会保険労務士の皆さんへの期待は社会的にも政策的にも大きく高まっていると思います。期待しています。

36協定の締結や事業所単位の派遣可能期間の延長に先立つ手続について

（📖 1106頁～）

上記表題の手続を履践するにあたり，例えば，佐賀に居住されている過半数代表者（組合の代表者）を東京本社に来ていただくよう依頼する場合，会社が交通費相当額を支給したり，就業時間外だからといって割増相当の賃金を支払うことは，使用者の便宜供与に当たるのでしょうか。

過半数組合の代表者または過半数組合がないときの過半数代表者のどちらなのかで，解釈が微妙に変わってくるかもしれませんが，少なくとも後者の過半数代表者については，労基則の最近の改正で，労基則６条の２第４項において，「過半数代表者の協定等に関する事務の円滑な遂行のための必要な配慮を使用者は行わなければならない」と定められていて，過半数組合ではない過半数代表者については，過半数代表者が労使協定を結びやすくなるような配慮を使用者としてきちんとしてくださいということが書かれています。過半数組合の場合は，労組法上原則として禁止されている便宜供与に当たるかどうかという点が問題になる可能性がありますが，団体交渉を有給保障の下で行うとか，一定規模の組合事務所を貸与するということは便宜供与にならないと労組法上も書かれていますし，例えば，過半数代表者，組合の代表者が実際に本社での労使協定の締結のために来るのに，交通費という実費を負担したり，実際に交渉した時間の賃金相当の額を保障するということであれば，ただちに便宜供与に当たるわけではないと思います。

食事の提供は便宜供与に当たるか

（📖 1106頁～）

労使協議の場での会社の食事の提供は，問題ないでしょうか。

実費程度と言えるかどうかでしょうか。労働組合と団体交渉や労使協議を行うときに勤務時間内に行って有給で交渉を行うことは労組法上許容される便宜供与だとされていますし，１食5,000円とか１万円とかするような豪華な食事を提供するとか，多数組合員には弁当を出しているけど少数組合には出さないというのはダメですが，一般に話合いをしながら，その間にお菓子を出したり，お茶を出したり，お弁当を実費程度で話合いの間に提供するということ自体は，組合活動への支配介入として問題となるような態様のものではないのではないかと私は思います。

162 ★★ チェックオフについて

（📖 1107頁～）

ある組合が（過半数を超える）チェックオフ協定を結んでいる際，同時に結んだ労使協定は他の（少数派）組合にも当然に適用されるのでしょうか（そもそも別に結ぶ必要があるのでしょうか）。また，過半数組合のチェックオフは行って，少数派の組合に行わないことは，組合間差別の不当労働行為となる可能性があるのでしょうか。

例えば従業員の70％を組織している組合がチェックオフ協定を結

んでいるときに,従業員の5％を組織している少数組合があったら，チェックオフ協定は当然少数組合にも適用されるかというと，チェックオフ協定自体は，当該多数組合と会社の間で結んでいるものなので，当然適用されることにはなりません。

過半数組合がチェックオフ協定を結んでチェックオフを行っているときに，少数組合から我々の組合員についてもチェックオフをしてくださいと言われたときに，少数組合とはチェックオフ協定を締結しなかったりチェックオフを行わないことが不当労働行為，つまり労働組合間の不利益取扱いや支配介入に当たる可能性はあるかについては，当然に当たるわけではないけれども，少数組合の弱体化，組合嫌悪の目的でこの組合とはチェックオフは絶対にしないという頑なな態度を示したり，合理的な理由なく少数組合に対してのみチェックオフを拒否したりした場合には，不利益取扱いや支配介入に当たる可能性があると思います。

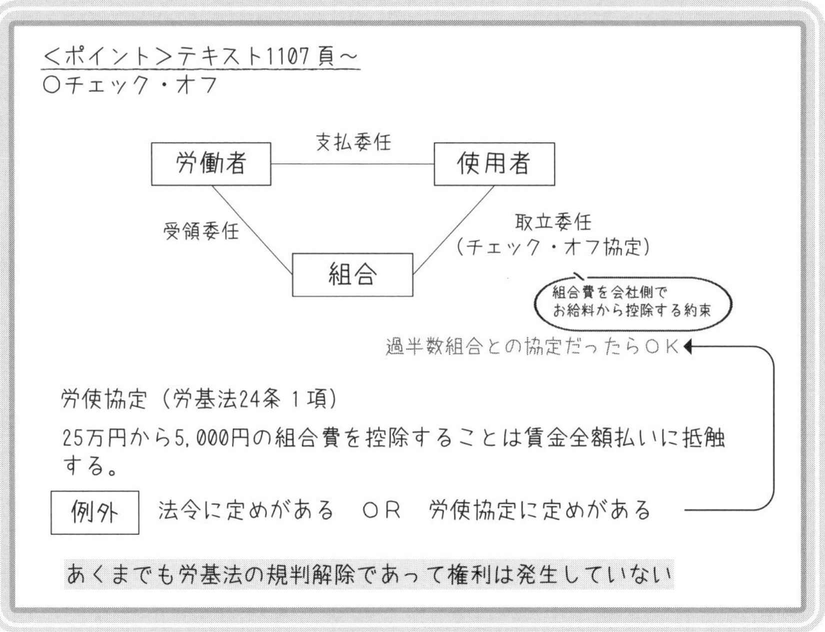

<ポイント>テキスト1107頁～
○チェック・オフ
支払委任
労働者
使用者
受領委任
取立委任
（チェック・オフ協定）
組合
組合費を会社側で
お給料から控除する約束
過半数組合との協定だったらＯＫ
労使協定（労基法24条１項）
25万円から5,000円の組合費を控除することは賃金全額払いに抵触する。
例外
法令に定めがある　ＯＲ　労使協定に定めがある
あくまでも労基法の規制解除であって権利は発生していない

ユニオン・ショップ協定無効論への不安

（📖 1120頁〜）

ユニオン・ショップ協定が日本において確立した理由・背景や経緯にはいろいろな要素があると思いますが，過去の１つの実態として，労働組合内において労働運動の目的とするところや方法論（闘争路線）の違いなどに端を発する分派や対立などを背景に，第一組合と第二組合が互いを排除するためにユニオン・ショップ協定を利用してきたという事実はあったのではないかと思います。判例の形成過程でも，そういった当時の社会背景も反映して，ギリギリの理論構成をしたのではないかと思います。学説においてはユニオン・ショップ協定無効説が多数となっているとのご説明でしたが，学説がそのように主張する理由は，労働組合に加入しないノンポリ社員が多数を占める現代では，そういう労働・社会環境もまた受け入れるべきだというところにあるのでしょうか。将来，判例が変更されたときの影響の大きさを考えると，その学説の目指すところはどこにあるのか，予測が困難であるがゆえの不安を感じています。

判例（ユニオン・ショップ有効論）の問題点は，自主的・能動的に組合運動を行っていくという自覚の欠如をもたらしている点にあります。判例が変更されたときに，ただちに組合離れが進むかどうかはわかりません（チェック・オフ中止の個別申入れを認めた判例〔エッソ石油事件判決（📖 1109頁・注92）〕が出たからといって，チェック・オフ中止を申し入れる組合員が急に増えたわけではありません）が，それで組合離れが進むようであればそれはやむを得ないことだと思いますし，逆に，そういう状況でも自らの意思で組合に入っている（組合費を納め組合活動をしている）という意識をもって組合活動を展開していくことが重要だと私は思います。押し付けられた労働組合では，将来に向けた前向きな展望をもつ（人々に共感してもらう）ことは難しいのではないでしょうか。みんなが入りたくなるような組織やネットワークを作っていくことが，労働組合だけでなく，これからの社会的なグループ･団体に広く求められていると思います。

ユニオン・ショップ協定の無効説について

（📖 1122頁～）

ユニオン・ショップ協定無効説はとても明快だと思いますが，組合組織率低下は避けられないと思いますので，テキスト1121頁でご指摘されている組織率低下後の労組の声を広く反映させる制度が大事になると思います。労働法研究の先生方の中で，無効説（＋制度の整備）の意見は広まりつつあるのでしょうか。

私が数えた限りでは，学者の数としてはもう無効説のほうが多いです。現実としては，チェックオフとユニオン・ショップで日本の労働組合の加入率と財政は支えられていますが，チェックオフを拒否できるというエッソ石油事件の最高裁判決が出たところで，みんな特にチェックオフを拒否しているわけではないんですよ。仮にユニオン・ショップ協定の無効判決が出たとした場合に，みんな多数組合への加入を拒否するかというと，必ずしもそうはならないと思いますし，もしそれでみんなが入らなくなるような労働組合であれば，やはり自主的で自律的な労働組合と言えないのではないか。私はそういう意味で，ユニオン・ショップ協定は法的には無効だと解釈すべきだと思いますし，その中で，自主的・自律的に加入する組合員によって労働組合運動が展開されていくべきだと考えています。有効説をとっている学説が有力説としてまだ存在していて，判例も現時点では無効説にまでは踏み込めていない状況です。将来に向けた制度の整備としては，労働協約の拡張適用制度の充実，現場の労働者の声を民主的に反映させる労使コミュニケーション制度の構築等が考えられます。

<ポイント>テキスト1122頁～
○ユニオン・ショップ協定は有効か？

「会社は多数組合を応援している」ということを労働協約に書いて，ユニオン・ショップ協定で「この組合に入らなければ解雇します」と書かれていたら有効か

① 完全に有効
② およそ無効
③ 他の組合に入ったらいい

どれだと思う？

裁判所の考えは③，筆者（水町）は②

憲法28条で団結権の自由がある。労働者が選べるということ。
どこの組合にも入らない消極的団結権は認められるかというと，フランスでは認められているけど，日本では認められていないと解釈されている。

32 団体交渉

社会保険労務士が労使紛争の解決にあたりできること

（📖 1152頁～）

社会保険労務士は団体交渉の代理人にはなれない（弁護士等に任せるしかない）とすると，労使紛争が起こった場合に顧問社労士として何ができるのでしょうか。労働委員会のあっせん制度などを利用し労使紛争を早期かつ円満に解決するなど，アドバイスがあればお願いします。

社会保険労務士の方々は，現行法では団体交渉の代理人にはなれませんが，相談・指導をすることはできますから，労働法を正確に理解したうえで，会社（社長）の相談に乗ってあげてください。労働者が何らかの不満をもっている場合，ユニオンに相談してユニオンから団体交渉の申入れが来るという事態がいつ生じても不思議ではありません。企業の現場に近い社会保険労務士さんとしては，まずは労働者が不満をもたないような風通しの良い人事労務管理を行う（紛争を予防する）ことが基本です。それでも労働者の不満がたまって団体交渉の申入れがきた場合には，顧問社労士として正確な情報提供と助言を行いつつ，弁護士に依頼して対応してもらうか，労働委員会にあっせん申請（あっせん申請は労働者側だけでなく使用者側からもできます）をして紛争解決の仲介をしてもらうことが考えられます。基本は誠実に団体交渉を行うことです。

訴訟提起と団体交渉

（📖 1162頁～）

誠実団交義務について質問します。団体交渉で懸案となっている問題について，労働者が訴訟を提起している場合でも使用者は誠実団交義務を免れるものではないとされています。これは，制度の目的が違うし，併用が制限されているわけではないということなのでしょうが，普通に考えると，団体交渉が不調に終わったときに訴訟という順ではないかと思います。しかし，両者が並行して行われるということは，訴訟は圧力の一形態であって，団交は和解交渉の一形態という意味合いになるということなのでしょうか。両者の併用はよく行われるのでしょうか。

訴訟と団体交渉は，対象が一緒であっても，手続の目的が違うので，法的には別物と考えたほうがよいと思います。訴訟は，法律に基づいて過去の行為について白黒をはっきりつける（過去を清算する）ものですが，団体交渉は，過去の問題をもとに将来に向けてどういう関係を築いていくかを話し合うものです。例えば，ある労働者の解雇が問題になっている場合，訴訟では解雇の無効と労働契約上の地位の確認，賃金の支払い等が問題となりますが，就労請求権が認められない限り，解雇が無効の場合にはどの仕事に就いてもらうかは判断の対象にはなりません。団体交渉では，職場復帰する場合にどの仕事に就けるか，労使関係として今後この問題にどう取り組むのか（解雇の事前協議制を導入するのか）等も含めて，広く将来に向けて話合いを行います。実際の紛争の場面でも，①まずは訴訟を提起して，団体交渉はその進行をみながら行うという例，②まずは団体交渉で解決を模索して，状況によっては訴訟を提起するという例，③訴訟と団体交渉を同時に並行して行う例など，様々なパターンがあり，いずれの場合にも，使用者が「解決は訴訟にゆだねて団体交渉はしない」という態度をとると，団交拒否と判断されることになります。

産業別労働組合について

(📖 1078頁〜)

日本でも港湾労働組合あたりでは，産別賃金の運動をしていますが，日本で今後産別労組中心に移行していく可能性はあるのでしょうか（終身雇用も以前ほどではないので）。

確かに日本でも，港湾とか建設では産業別労働組合があるのですが，日本における産業別の労働組合の課題は，産業別の団体交渉が難しい点にあります。なぜかと言うと，受け皿となる産業別の使用者団体，経営者団体がない，または，産業別で団体交渉をして産業別の労働協約を締結すると経営者団体の方が言ってくれない。そういう意味で，産業別に労働組合が組織されて，フランスやドイツのように産業別で団体交渉が行われ労働協約が締結されることになるためには，まずその労使関係のインフラを作っていかないといけない状況にあるといえます。

もっとも，最近，企業レベルを超えた労使関係の展開の可能性として，労働協約の地域別の拡張適用の例が各地でみられるようになっています。①2021年９月には大型家電量販店（ヤマダ電機，ケーズホールディングス，デンコードー）とＵＡゼンセン加盟組合との労働協約（年間所定休日を原則111日以上とする内容）を茨城県全域の大量電気量販店の無期雇用フルタイム労働者に拡張適用する厚生労働大臣の決定，②2023年４月には大型家電量販店（ヤマダ電機，デンコードー）とＵＡゼンセン加盟組合との労働協約（年間所定休日を原則111日以上とする等の内容）を青森県・秋田県・岩手県の全域の大量電気量販店の無期雇用フルタイム労働者に拡張適用する厚生労働大臣の決定，さらには，③2024年１月には福岡市の水道検針業務受託会社２社と自治労加盟ユニオンとの労働協約（時間給制水道検針員の最低時給額等を内容）を福岡市全域の時間給制水道検針員に拡張適用する福岡県知事の決定が行われて，個々の労使間の労働協約が他の労使にも適用されるという一種の地域別労働協約が締結・適用されるのと同じ効果をもつ動きが広がりつつあります。このような制度（労組法18条）を利用しつつ，企業レベルを超えた労働組合運動や労使関係が日本でも広く展開されていくようになるか，今後の動きが注目されるところです。

33 団体行動

集団的労使関係法のモデルと今後の選択肢

（📖 1171頁〜）

子どもの頃，GWに「お出かけ」という名の下，サラリーマンの父に連れていかれたのはメーデーでした。父が組合活動に積極的だったのか，周囲の同調圧力で参加していたのかは測りかねますが，幼いころ目にした光景は，大の大人が旗を振って大声を出す集会や，テレビのニュースに映る国鉄を初めとした電鉄会社のストライキ等，子どもには理解し難いものでした。のちにドキュメンタリーで三池闘争などの番組を観ましたが，令和の時代を生きる者として，炭鉱労働者の雇用を守ろうとする主張対立は，資本家と労働者で知識と情報量の差から考えても無理があるし，対等に渡り合うための労働者側の手段がストライキやサボタージュとなると，敵対関係が続くだけで建設的な解決法ではないと感じます。さらに，労働組合という集団としての法人格に対しては，組合員１人ひとりの想いは埋没してしまいます。組合運動が盛んであった70年代と比較すると，個人の自由・権利が重要視され，労働法制も整備が進んできた現在，争議行為等の旧来の組合運動はその役割を終え，新たな仕組みの法制化が必要ではないかと思います。日本における集団的労使関係がどのように進んでいくべきか，法改正の可能性も含めてご教示ください。

制度の選択の問題だと思います。個別の法律問題を超えた集団的な労働問題の解決のあり方としては，大きく分けると，労使の自治にゆだねてストライキやロックアウト等の力と力のぶつかり合いの中で決着する（国はストライキやロックアウトという喧嘩のやり方の枠組みを設定し，紛争解決の中身は労使にゆだねる）方法と，力と力のぶつかり合いは経済的に不効率で外部不経済も招くので平和的な交渉を促し，合意が得られない場合には国が介入して解決してあげる（国による強制仲裁制度を設ける）方法が考えられます。20世紀型の労働法（工場労働者を基盤とした労働法モデル）では前者をとっている例が多く，現在でも日本を含む多くの国は前者の方法を維持していますが，ドイツの事業所委員会制度（事業所レベルの集団的な労使紛争解決の方法）では後者が採用されています。日本は，法制度としては前者を維持していますが，実態としてはストライキ権を行使する例が極めて少なくなっている状況です。フランスなどでは，現在でもストライキは頻繁に起こっており，前者が実務上も労働者の労働条件改善の手段として有効に機能しています。日本でも，法制度として前者を維持するか，後者を導入するとすれば誰（どこ）が仲裁の役割を担うか等について，検討する意味はあると思います。

169 ★ 「山猫スト」「黄犬契約」のネーミングの由来

（📖 1180頁，1248頁）

「山猫スト」や「黄犬契約」のネーミングの由来をお教えいただけるとうれしいです。法律用語辞典のようなものを見ても「wildcat strike」「yellow dog contract」という原語は載っていても，なぜ「山猫」「黄犬」なのかというところは書かれていません（ネット上でも同様）でした。

「yellow dog contract」は，当時のワグナー法制定前後の状況（1935年のアメリカ）の中で，「yellow dog」は卑怯者という言葉で使われていて，労働組合を辞めたら雇ってあげるという使用者側からの懐柔を受けた卑怯者の約束なんだという風に言われていますが，「wildcat strike」については．ネット上だけではなくいろいろな文献を見てみても諸説あって，どれが本当の由来かはっきりしません。由来がはっきりしないような言葉を法的な議論でも堂々と使うというところが，アメリカ的な自由さ・面白さと言えるかもしれません。

170 最高裁の大成観光事件判決について

(📖 1196頁)

33

団体行動

大成観光（ホテルオークラ）事件は，ホテルでの接客とはいえ，6cm×2cmのリボンで「要求貫徹○○労連」と書いてあるくらいなら正当な組合活動と認めてよいのではないか（お客さんもチラッと見てちょっと怪訝に思う程度のことではないか）と思ったのですが，正当性があるとは認めなかった最高裁（昭和57年）の判決については労働法の先生方も概ね妥当な判決であるとの受止めだったのでしょうか。

これはプロレイバー全盛期の時代なので，労働法学者の多くはこれに対して批判的だったと思います。英米法の伊藤正己先生というその時の最高裁の判事だった方が，この判決の補足意見を書かれていて，職務専念義務を全人格的に使用者に従属する義務というように厳格に捉えるのではなく，職務を誠実に履行する義務として緩やかに捉えるべきだと言いつつ，本件のリボン闘争は労働者の職務を誠実に履行する義務と両立しえず，ホテルの業務に具体的に支障を来すものと認められるとして，その正当性を否定しています。最高裁は，この伊藤補足意見を含めても，ホテルの業務への具体的な支障という点を重視した判断をしていますが，質問者さんがおっしゃっているように，この点は相対的な程度問題であり，この程度のリボンの着用であれば，ホテルのお客さんも寛容に受け止めて特段支障が生じるわけではないと解釈する，その意味で社会の寛容さや多様性を受け容れる解釈をすることも考えられたのではないかと思います。このような相対的な判断の結論については，当時の社会状況や最高裁判所の性格が反映されているといった側面もあるのかもしれません（その意味で社会の状況や時代が変わったら判断の中身も変わり得ると思います）。

職業紹介と争議行為について

（📖 1216頁，1316頁）

職業紹介事業者は中立性確保の観点から求職者の紹介をしてはいけないとされていますが，実際に求人企業でストライキが起きているかどうかを紹介会社はどうやって確認をするのでしょうか。

厚生労働省のホームページ等でストライキ予告がされるような企業ならわかるかもしれませんが，紹介会社が逐一確認しているとは考えにくいですし，求人者からの申告ベースにゆだねるとしても，ストライキをされている側なので申告をしてもらえるとは考えにくいです。

なるほど，良い質問ですね。この点については，まず，テキスト1316頁の(8)で，職業紹介における労働争議への不介入の原則を説明しています。これは，ストライキ中の会社が，従業員がストライキをしている中で操業を継続したいからどんどん人を紹介してくれと言ってきたときに紹介をしてしまうとストライキの効果がなくなってしまうので，ハローワークや民間職業紹介事業者はストライキには介入しないということが原則とされています。

では，ストライキが行われることをどうやって知るかというと，ハローワークについては職安法20条２項，民間職業紹介事業者については34条２項で，労働委員会が通報すると書かれています。例えば，労働組合がストライキをするというときに労働委員会に申請があり，労働委員会からハローワークに争議の解決を妨げるような紹介をしないように通報をする，通報を受けたハローワークから民間職業紹介事業者に対して通報をするというルートが，職安法上規定されています。そのようなルートを通じて，ハローワークも民間職業紹介事業者も争議行為が行われていることを知り，紹介をしないようにすることになります。

34 不当労働行為

172 派遣先が不当労働行為の主体になるかについて

★★

（📖 1232頁～）

近時の中央労働委員会（中労委）の判断は，かえって判例の射程を狭めているのではないかという疑問を呈されているかと思います。その場合，派遣先も団体交渉に参加してもらうべく，派遣労働者および雇用主である派遣元としては契約締結時や派遣就業開始後にどういった点に気を付ければよいのでしょうか。

特に，派遣元が知らない間に派遣労働者と派遣先間で，口頭ベースで業務が追加されているケースはよくあります。これは，テキストに明示されている具体例の「契約上特定されていない事項」に当たり，派遣先が団体交渉の当事者になるおそれがあるのでしょうか。

中労委の解釈と，私の解釈というか，朝日放送事件判決を労働者派遣に当てはめたときの解釈とでは，ちょっと考え方が違いますが，いずれにしても口頭ベースで業務が追加されるというのは，これは基本的に派遣法の枠組みを超える取扱いになるので，中労委の解釈であったとしても派遣法の枠組みを逸脱しているものとして，派遣先が団体交渉を受けるべき使用者に当たるケースと言えるのではないかと思います。中労委の考え方は，派遣法の枠組み・建付けの中で派遣法通りに運用していれば派遣先は使用者ではなく，基本的には派遣元が使用者なので，派遣元が使用者として団体交渉の相手方となるという解釈です。この中労委の解釈でも，派遣法の枠組みを逸脱したり派遣先が派遣法上の義務や責任を履行していない場合には，派遣先がその限りで使用者になるとされています。

これに対し，最高裁の朝日放送事件判決を労働者派遣にそのまま当てはめれば，派遣法の枠内であったとしても，実質的に派遣先が現実的かつ具体的に支配・決定しているような事項については派遣先がその限りで団体交渉に応じるべき使用者に当たると解されるのではないかというのが，私の解釈です。

派遣労働者や派遣元としては，いずれの解釈をとるにしても，派遣先が労組法上の使用者として団体交渉の相手方となるべき場合があり得ることを派遣先にきちんと認識してもらって，労働組合が団体交渉を申し入れてきた場合には，派遣元と協議しながら適切な対応をとるべきことを理解してもらうことが大切だと思います。

173 ★★★ 労働委員会と裁判所の判断の違い

（📖 1280頁～）

労働委員会の裁量権について質問いたします。水町先生のご説明によると，裁判所は過去の紛争を権利義務に基づいて解決することを目的とするのに対し，労働委員会は将来に向けた健全な労使関係を構築することを目的とするという立ち位置の違いがあるため，裁判所は労働委員会の救済命令に対しては広く裁量権を認めるものの，不当労働行為の要件該当性判断についての裁量は認めないとのことでした。しかし，第二鳩タクシー事件の最高裁判決（📖 1280頁・注166）は，全額バックペイを命じた救済命令に対し，一般論としてこれを否定するのではなく，個別の事情からこの事件での判断は違法としており，結局，程度問題で判断をしているだけのように思います。裁判所も労働事件に関しては個別の実態から判断する傾向にあるとすると，両者の判断は同質的なものに収斂していくのではないでしょうか。労働委員会と裁判所の判断に違いが残るとすれば，労働委員会の公益委員（多くは大学の先生）の思いと，これまでの枠組みを壊されたくない保守的な裁判官の思いとの違いがあるということでしょうか。

少し説明不足だったかもしれません。判例は，基本的に労働委員会の要件裁量は認めていませんが，効果裁量は認める（労組法７条違反〔不当労働行為〕が成立する場合の救済命令の内容については専門的機関である労働委員会の裁量を認める）との立場をとっています（📖 1280頁～）。そして，第二鳩タクシー事件は，その労働委員会の効果裁量について一定の枠付けをしたものです。その判例の枠組みの中で，労働委員会は救済命令の内容について「正常な労使関係秩序の回復・確保」という観点から柔軟な命令を発出しています（判例もこの労働委員会の裁量〔＝効果裁量〕は基本的に認めています）。

2022（令和４）年３月には，最高裁で，労働委員会の救済命令についての裁量権を狭く解釈した仙台高裁の判断（📖 1168頁・注97）を破棄し，仙台高裁に差し戻した判決が出ました（📖 1289頁・注195）。少数組合であったとしても誠実に団体交渉を行うというプロセスの重要性，その救済命令としての労働委員会の裁量権を最高裁が正面から認めた（狭く解釈した仙台高裁の判断を覆した）点で，重要な判決だと思います。

174 最高裁が労働委員会の要件裁量を認めないのはなぜか

（📖 1280頁）

学生時代からの疑問です。労働委員会の裁量についてですが，なぜ最高裁が要件裁量を認めないのか（認めなかったのか）理解できません。『詳解労働法』における水町先生の要件裁量を認める論理にも十分説得力があり，なんで，これで要件裁量を認めないのかという疑念が再燃してしまいました。『詳解労働法』からは最高裁への諦念さえ感じられますが，なぜこうなったのか（なっているのか）教えてください。

おそらく最高裁は，法律の適用に関する要件について，違法かどうかの判断は裁判官として独立して行うこと，裁判官の独立の中で法的な解釈を最終的には裁判官が司ること，行政処分が行われたとしても行政処分の違法性は最終的には裁判所が判断すること，労働委員会は労使関係の専門家として，救済の内容については裁量を与えるけれども，法律の解釈・適用については，司法府としての裁判所が最終的に責任をもって行うんだという姿勢を堅持しているのではないかと思います。

このことは，単に労働委員会と裁判所の関係にとどまらず，行政委員会一般と裁判所の関係の中でも広く言えることではないかと思います。

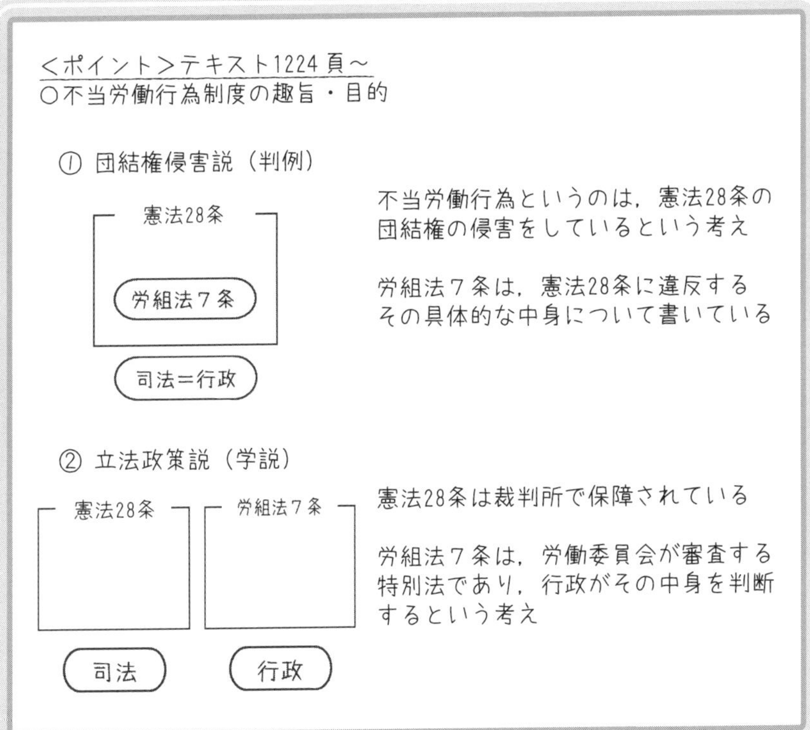

<ポイント>テキスト1224頁～
○不当労働行為制度の趣旨・目的
① 団結権侵害説（判例）
憲法28条
労組法７条
司法＝行政
不当労働行為というのは，憲法28条の団結権の侵害をしているという考え
労組法７条は，憲法28条に違反するその具体的な中身について書いている
② 立法政策説（学説）
憲法28条
労組法７条
司法
行政
憲法28条は裁判所で保障されている
労組法７条は，労働委員会が審査する特別法であり，行政がその中身を判断するという考え

第 4 編

労働市場法

35 雇用仲介事業規制

2017年職安法改正による労働条件の明示について

（📖 1313頁～）

2017年職安法改正による契約締結前の労働条件の明示は，求人内容（求人票に書いた条件）と実際の労働条件に違いがなければ，特に明示する必要がないという理解で間違っていないでしょうか。条件に違いがない場合，雇入れ後に労基法15条の労働条件の書面明示をするだけで問題ないでしょうか。

その通りだと思います。職業紹介の場合も求職するときにきちんと労働条件を明示しなければならなくて，そして実際に労働契約を締結するときに労基法15条によって労働条件を明示しなければいけません。労働契約締結前に求職時に提示した労働条件の変更がなされたり，曖昧だったところを特定したり，求職時に示していたものについて追加事項があったりした場合，そういう意味で広く提示条件の変更があった場合には，労働契約締結前にもう１度明示することが職安法上求められていますが，求職時の提示した内容で何も変更がなければ，職安法上は特に改めて明示することは求められていないと思います。

176 ★★★ 労働移動の円滑化と届出制手数料について

（📖1320頁～）

現在転職市場が活性化しつつあることに比して，紹介会社が届け出ている手数料率も上昇しているため，かえって労働移動が滞っている部分があるのではないかと思います。今後，上限制手数料とのバランスを図るべく，何か規制等をすることは考えられているのでしょうか。また，諸外国では，民間の紹介会社に手数料を含めた規制を施しているのでしょうか。

こういう声は，最近よく聞きます。例えば病院，保育，介護等の分野では，直接募集しても来てくれないし，紹介会社の紹介手数料は高すぎるし，紹介してもらって高い手数料を払ってもすぐに辞められてしまうことがあって困っているという声をよく聞きます。上限制手数料だと10.8％等ですが，届出制手数料については10.8％を超えて20％とか30％のところもあり，かなり高い水準で手数料を設定しているところもあるようです。

これに対する対策として，1つは，届出制手数料の届出のときに，付加的なサービスの内容に対して設定された手数料が高すぎる場合に，厚生労働大臣が変更命令をすることができますが，この変更命令が発動されているという話はあまり聞いたことがありません。この点で，届出制手数料の設定の仕方について，基準を作って変更命令を発動することを具体的に検討するといった方法が考えられるかもしれません。もう1つは，無料で利用できるハローワークをどれくらい活用することができるかです。現状では，ハローワークに求人票を出しても求職者がほとんどいなくて，ぜんぜん紹介が来ないという声も聞きます。民間市場でのミスマッチを公共職業紹介所であるハローワークでどの程度カバーできるのか。ハローワークの紹介機能の強化を図ることも重要な課題になります。

諸外国では，求職者から手数料を取るのを原則禁止にしているところとか，手数料の上限の設定をしているところがあります。日本も，例えばフランスとかイギリスの例に倣って，求職者＝労働者からは原則として手数料を取ってはいけないことにしていますが，求人者＝会社の方からの手数料については，日本より厳しい規制を課しているという諸外国の例はあまり聞いたことがないです。ですので，日本は手数料規制が比較的厳しい国で，上限制手数料がかなり厳しい水準になっているので，届出制手数料という例外が設けられ，届出制手数料については民間のニーズに応じて設定されていて，それが今の人手不足の中でかなり高い水準になっているというのが，日本の現状と言えるかもしれません。

<ポイント>テキスト1320頁～

○手数料の規制—上限制手数料と届出制手数料

求職者からお金をもらうことは原則禁止です

会社からどれくらいお金を取ってもいいのか

上限制手数料

受付手数料：１件690円

紹介手数料：（例）６か月雇用された場合，６か月賃金の10.8%

届出制手数料

付加的なサービスをしているからもっとお金がほしい！！

手数料：厚生労働大臣に届け出た手数料表の額

人材紹介手数料のスキームについて

(📖 1320頁～)

人材紹介の契約は，求職者と求人者の雇用契約成立をあっせんすることに対して手数料をもらう契約である以上，紹介会社の責務は求人者が求職者に内定を出し，それを応諾した時点で完全履行され，あとは手数料の支払債務が残るだけかと思います。

しかし，多くの契約では，雇用契約成立後6か月以内に離職した場合，紹介会社の不完全履行のように捉えて，返金規定が設けられているかと思います。紹介会社の紹介実績の情報提供義務も，これをベースに考えられているように推測します。このようなビジネススキームは，届出制手数料制を採用している紹介会社の付加的サービスの一環と考えられているのでしょうか。

派遣と異なり，求人者が面接などを通じて雇用関係成立の準備行為に介入しているにもかかわらず，求職者を紹介した紹介会社が，あたかも販売責任者として保証し，求人者自らの採用責任を紹介会社に帰する仕組みの正当性について，前々から不思議に思っています。

これは，いろいろなパターンがあります。紹介手数料の返金規定は1か月，3か月，6か月など，いろいろなバージョンがあると思いますが，要はこの点は契約の自由で，返金規定を設けるか否か，その期間と水準等の内容をどのようなものにするかは，原則として，当事者間で自由に決めるものです。例えば，手数料について返還条件付きの手数料になっていて，その返還条件付きの手数料の定めが上限の枠内であれば，これはただちに職安法違反になるわけでもないですし，その他公序良俗に違反するわけでもないように思います。つまり，この点は，契約上定められた職業紹介サービスの1つという位置付けになるのかもしれません。

その結果，過当競争になった場合には法的な規制を考える必要が出てくるかもしれませんが，返金制度を定めている業者と返金制度を定めていない業者との間で，どちらのサービスを利用するのかを紹介料も含めてよく吟味しながら，より自分たちに合った紹介会社を利用してより良い人を安定的に紹介してもらうというサービスの一環であり，それらの情報をきちんと公表させて透明性の高い公正な競争をしてもらうという政策の１つと言えるのではないかと思います。

36 雇用保険制度

178 ★★★ 無期転換すると自己都合退職になる違和感

（📖1336頁～）

派遣でよくあるのですが，いったん無期転換をすると退職時に自己都合退職扱いとなり，有期の頃と異なって特定受給資格者，または，特定理由離職者にならず，給付制限が長期にわたるとして問題となることがあります。無期転換時にここまで説明をすればよいのかもしれませんが，①そもそも，なぜ有期契約期間満了終了だと自己都合退職扱いにならないのか（本人が契約でその期間に限って就業すると述べたのだから自己都合退職でもよい気がします），②無期転換してもタダ無期が多いことに鑑み給付制限を緩和するような話はないか，教えてください。

かつては，倒産・解雇等による離職者の中には雇止めによる離職者は入っていなかったのです。テキスト1337頁の注14で，雇止めその他やむを得ない理由により離職した特定理由離職者についても，リーマンショック後の2009年雇用保険法改正以降，暫定的に倒産・解雇等と同じ基本手当を受給するものとされ，この暫定措置は現在も延長され続けています。リーマンショック以降，雇止めという名前の実際には解雇に近い離職について，解雇による離職と同様に保護しようという暫定措置が今でも続いているわけです。

制度の趣旨からすれば，雇止めについても，雇用を継続してほしいけれども雇止めされたという人と，自らの意思で期間満了によって辞めたという人の区別ができればよいのですが，そこの区別が難しい中で，有期契約の雇止めについては解雇と同様に取り扱われています。これに対し，無期転換して期間の定めのない契約になった後に，会社側からの解雇ではなくて，自分で会社を辞めたという場合には，やはり自己都合退職者という扱いになって，給付制限期間や給付日数の点で，会社都合退職者や倒産・解雇等による離職者とは異なる取扱いを受けることになってしまいます。2024年の雇用保険法等の改正で，給付制限期間については自己都合退職者の給付制限期間を短縮・廃止して会社都合退職者に近付けようとする改正が行われようとしていますが，それでもなお一定の違いは残るので，無期転換の際にそのような違いも出てくるということを丁寧に説明してあげたほうがよいかもしれません。

＜参考＞テキスト1337頁・注14

「雇止めその他やむを得ない理由により離職した特定理由離職者（13条3項，雇用保険法施行規則19条の2）についても，2008年リーマン・ショック後の2009（平成21）年雇用保険法改正以降，暫定的に，倒産・解雇等による特定受給資格者と同じ給付日数の基本手当を受給できるものとされ，2022（令和4）年雇用保険改正は，この暫定措置を2025（令和7）年3月31日まで延長した（雇用保険法附則4条，5条）。」

179 失業給付の給付制限について

（📖 1338頁）

自己都合で離職した場合，失業給付の給付制限が特段の事由がない限り2か月に短縮されていましたが，今後さらに短縮することも検討されているのでしょうか。

このあたりについて，諸外国で何か特別な制度を設けているようでしたらご教示いただければと思います。

2024年の雇用保険法等の改正の中で，自己都合退職の場合の２か月の給付制限期間を１か月に短縮し，さらにはリスキリングを受けていればゼロにするという改正が行われる予定です。

諸外国については，自己都合退職と会社都合退職で給付制限期間が別に設けられているという話はあまり聞いたことはありません(すべての国の制度を知っているわけではもちろんありませんが)。むしろ，給付制限期間というより，働く意思と能力があるかどうかを，自己都合退職か会社都合退職かにかかわらず，厳しくチェックしている。意思と能力が確認できなければ失業手当等を支給しない。意思と能力を確認するために，就職のための訓練や求職活動をきちんと行わせることを重視している国が多いと思います。日本は，かつて失業者があまり多くない時代に，会社を辞めて専業主婦になる場合にも，職安に行って求職活動をしているように振る舞って失業手当をもらうということが少なからず行われていましたが，失業率が10％を上回り深刻な財政問題を抱える時代を長く経験したヨーロッパ諸国では，公的給付をもらおうとする場合にはそれぞれ具体的に訓練や求職活動を行うよう義務を課し，それをきちんと行っていなければ給付をしないというという方向で，個別の対応や確認が行われるようになっています。日本は公務員の数が少ないこともあって，今でも形式的な対応や審査が行われることが少なくなく，この点でも，広い意味での制度改革が必要になるかもしれません。

<ポイント>テキスト外

雇用保険制度の改正案ポイント

○被保険者（2028（R10）年10月）
・週20時間以上から週10時間以上の労働者まで拡大

○費用の負担（令和７年度）
・育児休業給付の保険料率4/1000から5/1000へ引上げ
↑これによって労使0.5%ずつ増える

○基本手当（2025（R7）年4月）
・給付制限が２か月から１か月へ短縮
（リスキリングした場合には給付制限を解除）

○就業手当（2025（R7）年4月）
・廃止

○就業促進定着手当（2025（R7）年4月）
・上限を支給残日数の20%に引下げ

○特定一般教育訓練給付金（2024（R6）年10月）
・資格取得+就職で10%（合計50%）を追加支給

○専門実践教育訓練給付金（2024（R6）年10月）
・訓練後賃金ＵＰで10%（合計80%）を追加支給

○教育訓練休暇給付金（仮）（2025（R7）年10月）
・新設
　被保険者期間が５年以上で基本手当と同額
※被保険者以外は240万円までの融資制度あり

○出生時育児休業給付金（2025（R7）年4月）
・産後パパ育休67%から80%へ引上げ

○育児休業給付金（2025（R7）年4月）
・産後パパ育休にあわせて，被保険者の育児休業給付も育児休業開始から28日間は80%へ引上げ

○育児時短就業給付（仮）（2025（R7）年4月）
・新設
　時短勤務中に支払われた賃金の10%を支給

37 職業能力開発・求職者支援

180 コロナ禍における持続化給付金等について

（📖 1361頁～）

フリーランスの問題がコロナ禍で顕在化したかと思いますが，一方で，当時，失業給付がないことを理由に個人事業主に対して小学校休業助成金や持続化給付金の支給をされたかと思いますが，そこの原資は、どこから出ていたのでしょうか。

フリーランスの保護が必要なのは十分理解するものの，少なからず本人が希望してその職に就く者もいる中で，支給金額の差こそあれ，どういう理由で労働者とのバランスを図っていたのかが従前から気になっていました。

コロナ禍で事業主に支給された持続化給付金の財源は一般財源，つまり税金です。

雇用労働者の場合，雇用保険や労災保険に加入し，保険料を支払っていたことに対して，保険給付を受けられますが，自営業者については，雇用保険はなく，労災保険については自分で保険料を負担して特別加入をしていなければ適用はない状態です。そういう中で，コロナ禍が訪れ，仕事を失った雇用労働者は雇用保険の給付を受けられましたが，仕事を失った自営業者については，それまで雇用保険に加入してなくて保険料も負担していなかったので，雇用保険の適用はない，しかし仕事を失った自営業者の生活保障もしなければいけないという中で，税金を財源にして年間100万円の持続化給付金が支払われたわけです。雇用保険に加入して保険料を負担していた雇用労働者がもらえないかもしれないような大きな額を，保険料を負担していなかった自営業者が，みんなが負担していた税金を財源としてもらえたのです。その限りでは，負担と給付のバランスが成り立っていません。

コロナ禍か否かにかかわらず，デジタル化の進展の中で，プラットフォームワーカー，日本ではより広くフリーランスと言われる働き方が広がっています。この人たちに，労災補償や失業補償，さらには最低所得保障や就業時間規制，プライバシー・人格権の保護など，労働者に類する保護を提供しなくてよいのかが，世界的な課題となっています。日本でも，2023年にフリーランス保護法が成立し，2024年秋から施行されますが，失業補償やリスキリングの問題等はまだ手付かずのままです。このような雇用労働者以外の人たちに社会的なセーフティネットを広げていくときに，旧来の労働法や社会保険の制度を拡張していくだけで対応できるのか，税財源でより広いセーフティネットを整備していくべきではないかが大きな課題となっています。そこでは，社会保障制度と税制度との調整・融合をどう進めていくかという大きな問題もあります。この点は，現在の世界の労働法の最大の課題と言えるかもしれません。質問の中で感じられた疑問や違和感は，まさに現在の労働法の根幹部分にかかわる問題提起につながっています。

38 特定分野の雇用促進政策

「第2のセーフティネット」と法律のネーミング

（📖 1373頁～）

「第2のセーフティネット」について質問です。以前，小さな子会社に出向して中途採用の面接などをしていましたが，派遣や短時間・有期雇用労働者の労働条件は「第2のセーフティネット」の対象となる階層の存在と表裏の関係になると感じました。中途採用では，職歴の浅い人が採用される可能性は非常に低いというのが実態です。彼ら・彼女らにとっては採用されるかどうかが問題で，労働条件は二の次なのです。企業としては労働力の供給がある以上，労働条件を変える必要はないわけです。採用後の労働条件は直接的には労働法の枠内ですが，その労働条件の足を引っ張っている要因は労働法の枠外にあると感じました。そういった意味で，「生活保護法」に加え「生活困窮者自立支援法」が財源不足で整備と制度が追いついていないと言いながらもできたことは，社会保障の枠組みを広げ，全体の改善につながる用意ができたということだと思います。しかし，「生活保護法」とか「生活困窮者自立支援法」とか，ネーミングが良くありません。自分が適用対象者と言われたら……と想像すると，自己肯定感が低下すると思います。身もふたもない物言いはもう少し考えるべきだと思いませんか。

採用時の労働条件については，最低賃金法の問題と言えるかもしれません。日本では，最低賃金を設定する産業別の労使関係・労働協約がなく，最賃法もかつてのパート賃金とリンクして決定されていたので，比較法的には最低賃金の機能が相対的に弱かったと言えます。現在のグローバル競争において世界的に最低賃金の機能が重視されている中で，日本でも，最低賃金の水準や機能を高めていくことが必要かもしれません。学校教育と，職業生活との連動を高めるために，いわゆるジョブ型雇用を広げていくことも重要なインフラになると思います。

法律とか政策のネーミングについては，共感するところがあります。霞が関用語や永田町用語から脱却して，わかりやすくクールな（かつジェンダーバイアス等がかかっていない）名前にしてほしいですね。そう簡単には思いつきませんが。

第 5 編

国際的労働関係法

39 適用法規と裁判管轄

182 ★★ 国際的な労働関係に適用される法律の決定

（📖 1383頁〜，1389頁〜）

外国人労働者への労働法等の適用について質問です。雇用主が外国に所在する会社でありながら，日本においてリモート勤務をする場合，日本の労働法（例えば労基法37条）が適用されることになりますか。法適用通則法により契約時に選択した地の法を適用していれば OK でしょうか。逆に，雇用主は日本に所在する会社でありながら外国在住の方を雇用し，リモート勤務させる場合はどうなるのでしょうか。仮に日本の労働法を選択した場合，時差もあるため，リモート勤務者が複数国にいると実務上，労働時間の把握とそれに伴う割増賃金計算が煩雑になる気がします。

適用されるべき法律が，契約法（例えば解雇権濫用法理）なのか，強行法規（例えば労基法）なのかで，適用法規の決定ルールは異なってきます。ご質問の例にある労働時間管理と割増賃金の支払関係（労基法32条，36条，37条等）については，当事者の準拠法選択（法適用通則法12条の準拠法選択のルール）にかかわらず，その法規が存在する法廷地において当然適用される「絶対的強行法規」に当たるため，リモート勤務者にはその勤務をしている地の法が適用されることになると思います。例えば，日本法人であってもフランスでリモート勤務をしている労働者にはフランスの労働法典，アメリカ法人であっても日本でリモート勤務をしている労働者には日本の労基法が，原則として適用されることになります（ただし，基本的には日本の事業場に所属しつつ，一時的にフランスに赴いてリモート勤務している海外出張者については，日本の労基法が適用されます〔📖 1390頁〕)。人事労務管理の煩雑さは，国境をまたいで働いてもらっている以上，負担すべきコストだと割り切って，国際的な法的ルールに則った取扱いをしてください。

日本国内の外国企業での個別労働紛争について

(📖 1385頁〜)

日本国内にあるA国企業の駐在員事務所について，当該駐在員事務所では日本人が代表者を務めており，B国人の労働者がスタッフとして働いているケースです。日常業務の指揮命令は当該代表者が行いますが，B国人スタッフへの賃金はA国企業が行い，雇用契約書もA国企業と交わしている中で，当該日本人の代表者とB国人スタッフとの間で個別労働紛争が生じた場合，結果的に適用される法律は，日本，A国，B国のうちいずれになるのでしょうか。労働者の選択によるのでしょうか。

国家権力に関係していない（大使館とか領事館ではない）民間の企業だとすると，日本国内にあって，日本で働いているので，最密接関係地法は労務提供地法である日本法（当事者間で日本法以外の準拠法が選択されていたとしても，労働者が日本の強行規定の適用を受ける意思表示をした場合には，日本の強行規定）ということになるのではないかと思います。

<ポイント>テキスト1382頁～

アメリカの企業が日本でアメリカ人を雇っていたら，どこの国の法律が適用になる？

○準拠法決定のルール（法適用通則法）

７条：当事者自治（準拠法選択の自由）
　外資系の企業と契約をする時は，契約書にどこの準拠法にするか書かれていることが多い

例外

一番かかわっている地

８条１項：選択がない時は，最密接関係地法＝労務提供地法
１２条１項：選択した準拠法が最密接関係地法でない場合
　→労働者の意思表示により最密接関係地法の強行規定が適用

アメリカの企業が日本でアメリカ人を雇っていて，ニューヨーク州法を選択していても，労働者が日本法を適用して欲しいと言ったら日本法になる。

184 ★★ 海外のテレワークと深夜残業

（📖1386頁～）

テレワークが身近になったこともあり，私事都合で期間の長短を問わず海外で従業員が就業をするケースが増えてきています。その際，日本時間に合わせた就業時間を企業が依頼し，現地時間では深夜に及ぶ場合，日本時間に合わせた賃金を支払い，深夜割増賃金を支払わない契約を締結しても効力はあるのでしょうか。従業員から希望して会社が許可した場合と，会社が従業員に業務指示した場合で結論が異なるのかも気になります。

例えば，一時的ではなく恒常的にフランスで働いている場合，最

密接関係地法が労務提供地法であるフランス法になって，深夜労働に対する法規制は基本的に強行規定であるため，この点ではフランス法が適用される（当事者間で日本法を準拠法として選択していた場合であっても労働者がフランス法を適用する意思表示をすればフランス法が適用される）ことになり，深夜労働に関する法規制は基本的にその国の時間で適用されることになると解されるため，それと異なる契約をしても，強行規定に反する合意として無効になることになりそうです。国境をまたいで仕事をしてもらう場合には，それぞれの国の法律の内容（例えばフランスの深夜労働規制の内容）を知っておくことも必要になります。

40 国際労働基準

185 日本版 DBS について

★★

（📖 1402頁～）

子どもに接する仕事に就く人に性犯罪歴がないことを確認する制度が検討されているようですが，企業の採用の問題や紹介会社の責任の問題など，多くの問題をはらんでいると思います。このあたり，国際的な人権問題にダイレクトに引っかかりそうですが，すでに導入されている諸外国ではどうカバーされているのでしょうか。

個人情報保護や経歴詐称のところで，犯罪歴を調査してよいのか，犯罪歴の詐称を理由に懲戒処分をしてよいのかといった問題がありました（📖 309頁，610頁～）が，その中でも性犯罪については，アメリカやイギリスやフランス等において，性犯罪の被害者の権利とか子どもの権利を守るという観点から，性犯罪歴をもつ人に一定の規制が定められている例があります。考え方としては，罪を犯した人本人の人権もあるけれども，被害者の人権もある中で，加害者の人権と被害者の人権のバランスを考慮したうえで，性犯罪歴を有する人に対して，一定の追跡をしたり，情報開示制度を設けて特定の職業に就くことを制限したりすることが，諸外国でも行われています。つまり，犯罪歴のある人の人権だけでなく，社会的な弱者である性犯罪の被害者の人権を守るという観点から，性犯罪の常習性等の科学的な分析に基づいて，DBS 制度等が設けられています。日本の憲法の議論では，公共の福祉の枠組みで双方の人権保障の調整を図り，性犯罪歴を有する者に対する人権の制約が憲法違反にならないか否かを検証するということになると思います。

186 ★★ ヨーロッパの高付加価値戦略について

（📖 1402頁～）

講義全体を通じて，今の日本の正規・非正規の問題の根底にあるのが，アメリカの安易な雇用削減競争に巻き込まれたことにあるような気がしています。その一方で，同時期にアメリカと対をなす形で築き上げてきたヨーロッパの高付加価値競争戦略の考え方が今の国際労働基準のトレンドになりつつあるのではないかと思います。なぜ，この当時，ヨーロッパは，高付加価値戦略というアメリカとは真逆の選択肢をとることができたのでしょうか。

アメリカもコスト削減競争一辺倒というわけではなくて，コスト削減競争も高付加価値競争もどちらも自由に選択して行ってくださいというポリシーをとっているといえます。これに対して，EU（欧州連合）は，アメリカ市場と対抗する巨大マーケットをEU拡大を通じて作っていこうという2000年以降の戦略の中で，コスト削減競争で底辺に向けた競争（＝安売り競争）を行うのではなくて，付加価値の高いものを作って高い値段で買ってもらおうという高付加価値競争をしていこう。そして，この価値を生み出すのは人間なので，人間を大切にして，付加価値を生みやすい環境を整えていこうという目的で，差別を禁止し，最低賃金を引き上げ，労働者の健康と安全を確保するといった労働政策を積極的に展開しています。このEUの戦略が成功しているかどうかはいろいろな評価があり得ますが，EUはアメリカ市場と対抗するという観点から，このような政策を20年以上にわたり展開してきているといえます。その根幹にあるのは，ヨーロッパの歴史と知性なのかもしれません。

ILO 条約の批准について

（📖 1405頁～）

ILO の189の条約のうち，日本が批准しているのは50とのことですが，これは国際的にみてどのくらいの水準なのでしょうか。聞くところによると，労働時間や休暇関係の条約の批准は進んでいないと聞きますし，母性保護，雇用形態に関する条約の批准についても消極的であると聞きます。このような現状について先生はどのように思われますか。

日本が批准している ILO 条約の数は，ヨーロッパ諸国と比べると少ないけれども，アメリカと比べたら多くなっています。そもそも，ILO はヨーロッパ諸国が作った国際機関（本部はスイスのジュネーブ）なので，ヨーロッパ諸国が自然と批准数が多く，逆に自由な国であるアメリカは日本より批准数が少なくなっているという状況です。どう思われますかと聞かれたら，もう少し国内法を整えながら，批准していったほうがよいのではないかと思います。どの条約も，国際的にみて無理な高いハードルを設定しているものではないので。

日本が ILO 条約に批准できない理由について

（📖 1405頁～）

日本で，ILO 条約を批准する数が少なく，国内法整備が整わないのはなぜなのでしょうか。グローバルスタンダードが求められる中でも，日本の様々な環境の特異性を生かした結果，積極的な判断で少なくなっているのか，立法まで時間がかかっているという消極的な理由なのか，どちらなのでしょうか。

ILO 条約を批准するための国内法整備の中で，日本のこれまでの慣行の積み重ねとか，法的ルールで一部抵触する可能性がある日本的なルールが残っていて，少しでも引っかかるとやはり批准は難しいので，なかなか批准数が増えないというのが現状でしょうか。

その中で，例えば，刑法上の懲役刑を禁錮刑に変える（最終的には拘禁刑に統一した）ことによって，2022年に105号条約（強制労働の廃止に関する条約）を批准できたという動きもあるので，今後さらに国際的なスタンダードの中で日本的なルールを必要に応じて適切に見直していって，批准数を増やしていくことも大切なのではないかと思います。

第 6 編

労働紛争解決法

◆◆◆

41 行政による紛争解決

189 和解による紛争解決の実情

★★

（📖 1425頁，1449頁～）

先生の「経営者の皆さんに労働法を正確に理解してもらえないために紛争解決になかなかたどりつけないということも多くなっています」とのご指摘もわかる気がします。中小零細企業の一部の社長さん（特に運送業，建設業などの年配の経営者。昔からいわゆる「荒くれ者」を雇用してきた社長さんたち）は，労働法を理解しようとしませんし，私たちが説明をし，法令遵守の大切さを伝えても，労働者を批判し（「こんなふざけたことをする奴がいる」）と，取引先・元請を批判して（「こんな不届きな担当者がいる」）と，私たちの話に耳を貸してくれません。そこにコミュニティ・ユニオンがやってきて，社長さんの啖呵でおさまればよいですが，それこそ法外な和解金を要求されたりすると，もはや冷静な話合いはできない状態です。

労働紛争になった場合の解決（和解の実際）についてですが，例えば，未払残業代などのケースでは，お互いの話合いで，おおよその事実を認定し，それに基づいて実際の未払残業代の金額を計算し，時効で消えない期間の合計を計算した金額を支払うことがベストだと思いますが，①お互いに和解条件を出し合って，社長さんにも反省してもらい，最後はお互い譲歩をして，実際の計算金額より少ない金額で和解するということは，ユニオンとの交渉でも可能でしょうか。②裁判所の判決は，事実認定をして実際に計算した金額を支払うことを命じるものだと思いますが，労働委員会では実際の計算金額より少ない金額で和解することはあるのでしょうか。

いずれも可能だと思います。①は相手方次第ですが，うまくまとまらない場合は労働委員会の調整制度（あっせん等）を利用していただく方法があります（使用者側からの申請も可能です）。②については，裁判所でも労働委員会でも，和解による早期解決を図る場合には，ある程度の事実認定をして法令に基づく計算額を概算し，和解は相互譲歩の手続なので，早期解決に協力してもらう（時間と費用をかけて判決や命令を出すことを回避する）ために一定の調整をする（証拠能力や心証等を勘案して，例えば概算額から２～３割調整した額で解決の提案をする）ことがあります。裁判所も労働委員会も，和解による早期解決を促すときには，基本的には同じだと思います（労働委員会の場合は労使の参与委員がいますので，期日間のやりとりも含めてより丁寧に当事者の意見や希望を聴き，より早い解決を促す傾向があります）。

42 裁判所による紛争解決

190 労働審判制度について

★★

（📖 1433頁～）

労働審判については，３回の期日で終了させるという縛りもあるため，充実した審理をするためにどうしても裁判官の技量が重要になります。地域によって裁判官の技量の差が目立ち，受けた場所によって結果が違ってくるのではないかと感じています。

労働審判制度の運用の公正・公平を担保するためにどのような制度整備や運用環境を整えるべきと考えておられますか。また，公正・公平を担保するような法律改正等の準備はされているのでしょうか。

職業裁判官だけでなく，労使の経験者が入る三者構成は維持すべきだと思います。現場を知る専門家が入るということと，奇数にすることが大切なんですよ。偶数にすると結論が分かれてしまうことがあるので。それと，初審である労働審判制度では，高度な論理構成をした難しい判断を求めないということも大切なのではないかと思います。例えば，ちょっと相談したいことや解決したいことがあるので，ふらっと裁判所に立ち寄って，口頭で話を聞いてくれて，法的な基準に基づいて解決案を提案してくれる，かかりつけ医の法律版みたいな場所になることが大切なのではないかと，個人的には思います。例えばフランスの労働審判所では，特に書面を用意することなく，弁護士ではない友人等の付添人にも付いてきてもらって，口頭で事情を聴取してくれて，法的な観点から調停を行ってくれるという身近な制度になっていることもあって，年間10万件を超える事件が来ています。日本では，まだ形式主義や書面主義が残っていて，通常訴訟と労働審判をあわせても年間7,000件程度で，裁判所の敷居が高い点が，日本の労働紛争解決制度の最も大きな問題といえるかもしれません。

日本はなぜ裁判所利用率が低いのか

（📖 1434頁～）

日本の労働審判の利用数は多い（📖 1434頁）とのことですが，水町先生の他の教科書によると，日本の労働事件での裁判所利用数（年間の民事新受件数）は，通常訴訟と労働審判をあわせても6,506件（2022年）で，ドイツの約26万件（2022年），フランスの約12万件（2022年）と比べると圧倒的に少ないとされています（『労働法〔第10版〕』〔有斐閣，2024年〕495頁）。日本の裁判所利用率が欧米諸国に比べて低い理由はどこにあるのでしょうか。

日本人は和を尊び争いごとを嫌う傾向があり，この日本人の伝統的な意識が欧米諸国に比べて日本の労働現場での紛争や不満が少ないことの理由だという見解もかつてはありました。しかし，行政による労働紛争解決の窓口である総合労働相談コーナー（📖 1365頁）には毎年100万件を超える相談があり，日本では職場での紛争や不満が少ないとは言えなさそうです。この数字からすると，日本では，労働者の中に行政よりも裁判所の敷居が高いという意識がなお根強いと言えそうですが，その理由をフランスの労働審判所との比較で言うと，日本の労働審判制度では通常訴訟に比べてだいぶ緩和されたとはいえ，①裁判にかかる費用が高いこと（特に「労働審判制度利用者調査」によれば利用者にとっては弁護士費用の負担感が高いことがわかります〔佐藤岩夫「個別労働紛争の現状と労働審判制度の利用者評価―実態調査の結果から」中央労働時報1288号12頁〔2022年〕参照〕），②弁護士への依頼や書面提出等の形式主義が残っていること，③弁護士に代わり労働組合等のより身近な者が立ち会うことが認められていないこと，といった特徴があることがわかります。

裁判所利用率を上げ，日本の労働法の実効性を高めて，労働者にとっても経営者にとっても風通しのよい公正な職場環境を作っていくためには，諸外国の制度を参考にしながら，さらに制度改正を行っていくことが必要と言えるかもしれません。

著者略歴

水町勇一郎（みずまち・ゆういちろう）

1967年　佐賀県生まれ
1990年　東京大学法学部卒業
現　在　早稲田大学法学部教授

主要著書

『パートタイム労働の法律政策』（有斐閣，1997）
『労働社会の変容と再生――フランス労働法制の歴史と理論』（有斐閣，2001）
『集団の再生――アメリカ労働法制の歴史と理論』（有斐閣，2005）
『労働法入門［新版］』（岩波新書，2019）
『「同一労働同一賃金」のすべて［新版］』（有斐閣，2019）
『詳解 労働法［第３版］』（東京大学出版会，2023）
『労働法［第10版］』（有斐閣，2024）

水町詳解労働法［第３版］公式読本　　令和６年６月20日　初版発行

〒101-0032
東京都千代田区岩本町１丁目２番19号
https://www.horei.co.jp/

検印省略

著　者　水 町 勇 一 郎
発行者　青　木　鉱　太
編集者　岩　倉　春　光
印刷所　星 野 精 版 印 刷
製本所　国　　宝　　社

（営　業）　TEL　03-6858-6967　　Eメール　syuppan@horei.co.jp
（通　販）　TEL　03-6858-6966　　Eメール　book.order@horei.co.jp
（編　集）　FAX　03-6858-6957　　Eメール　tankoubon@horei.co.jp

（オンラインショップ）　https://www.horei.co.jp/iec/
（お 詫 び と 訂 正）　https://www.horei.co.jp/book/owabi.shtml
（書 籍 の 追 加 情 報）　https://www.horei.co.jp/book/osirasebook.shtml

※万一、本書の内容に誤記等が判明した場合には、上記「お詫びと訂正」に最新情報を掲載しております。ホームページに掲載されていない内容につきましては、FAX またはEメールで編集までお問合せください。

・乱丁、落丁本は直接弊社出版部へお送りくだされればお取替えいたします。

ISBN 978-4-539-73048-5